Michael Kotsch

Schlau gemacht

52 Denkanstöße aus Kultur, Geschichte,
Wissenschaft und Glaube

Michael Kotsch

Schlau gemacht

52 Denkanstöße aus Kultur, Geschichte,
Wissenschaft und Glaube

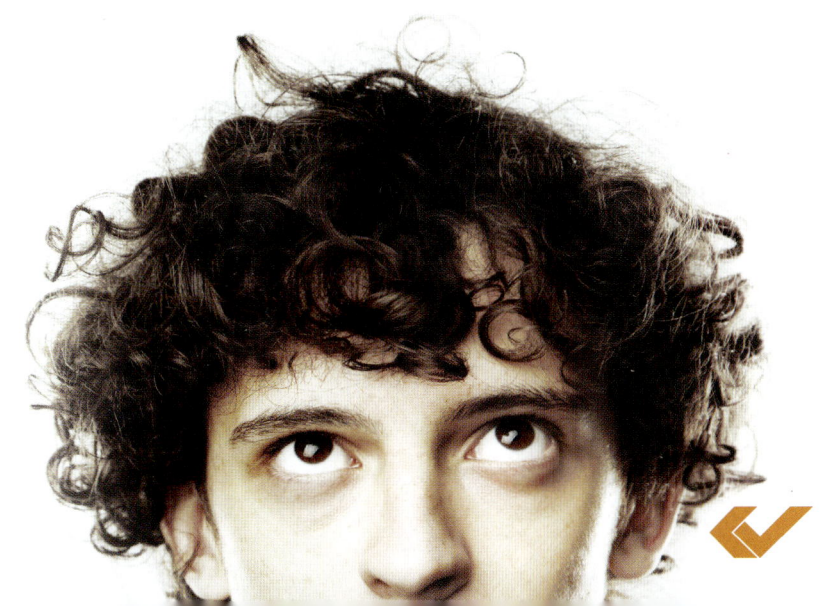

Michael Kotsch
Schlau gemacht
52 Denkanstöße aus Kultur, Geschichte, Wissenschaft und Glaube

Bestell-Nr. 271.033
ISBN 978-3-86353-033-4
Soweit nicht anders vermerkt,
wurde die folgende Bibelübersetzung verwendet:
Revidierte Elberfelder Bibel © 1985/1991/2008 SCM R.Brockhaus
im SCM-Verlag GmbH & Co. KG, Witten
Darüber hinaus wurden die folgenden Übersetzungen verwendet:
NeÜ bibel.heute, © 2010 Karl-Heinz Vanheiden, www.kh-vanheiden.de,
Alle Rechte vorbehalten (NeÜ)
Hoffnung für alle, © 1983, 1996, 2002 by Biblica Inc.TM; Übersetzung,
Herausgeber und Verlag: Brunnen Verlag, Basel und Gießen (Hfa)

1. Auflage
© 2013 Christliche Verlagsgesellschaft, Dillenburg
www.cv-dillenburg.de
Gesamtgestaltung: Christliche Verlagsgesellschaft Dillenburg
Umschlagmotive: © Peshkova/Shutterstock (Kopf);
© aodaodaodaod/Shutterstock (Himmel);
© Matthew Williams-Ellis/Shutterstock (Frau auf Bank)
Bildquellen für Fotos im Innenteil: s. S. 192
Druck: BasseDruck
Printed in Hungary

Inhalt

I
Fleißig wie die Biene

Die Pläne des Fleißigen führen nur zum Gewinn.
Sprüche 21,5

Kennen Sie den Ausdruck „Fleißig wie eine Biene"? Mit Tiervergleichen ist das immer so eine Sache, denn Tiere sind nun mal keine Menschen. Und wieso das Schaf gerade dumm und die Eule besonders klug sein soll, kann wohl auch keiner so ohne Weiteres sagen. Der Vergleich zwischen Bienen und Menschen ist aber doch ganz interessant. Seinen „Bienenfleiß" zeigt das Insekt insbesondere beim unermüdlichen Einsammeln des süßen Nektars.

Rund 70 Milligramm wiegt eine normale Biene. Weitere 70 Milligramm kann sie mit Blütennektar in ihrem Honigmagen zuladen. Besonders leicht fällt das dem Tierchen bei Kirschbäumen. Da warten etwa 30 Milligramm süßer Saft in jeder Blüte. Apfelbäume machen der Biene deutlich mehr Arbeit. Hier findet sie nur zwei Milligramm in jedem Kelch. Noch mühsamer ist das Nektarsammeln bei Kleeblüten. Um ihren Magen einmal zu füllen, müssen rund 1.000 Blüten besucht werden. 60 Mal muss eine Biene ihren Stock anfliegen, um einen Fingerhut voll Nektar zusammenzubekommen. 3 bis 5 Millionen Blüten fliegt die Arbeiterin an, um drei Kilogramm Nektar zu sammeln, der schlussendlich ein Kilogramm Honig ergibt. Dazu muss das Tier rund 120.000 Flüge absolvieren. Wer denkt schon an diese Plackerei, wenn er sich am Morgen ein Honigbrot schmiert?

Hinter dem süßen Brotaufstrich steckt sehr viel Arbeit, und die ist mit dem Sammeln des Nektars noch lange nicht beendet. Der Pflanzensaft wird dann in Waben gefüllt und durch die Körperwärme der Bienen leicht erhitzt, sodass ein Großteil des Wassers verdunstet. Bei dem Transport und der Verarbeitung des Honigs setzen die Bienen dem Pflanzennektar noch bestimmte Eiweiße, Spurenelemente und antibakterielle Wirkstoffe zu. Das gibt einen gesunden Cocktail. Eigentlich sammeln die Bienen den Saft für schlechte Tage, insbesondere für den Winter. Holt der Imker den Honig aus den Waben, bekommen die Tierchen als Ersatz etwas Zuckerwasser vorgesetzt, denn sonst müssten die Insekten in der kalten Jahreszeit verhungern.

Jetzt ist wahrscheinlich klar, warum fleißige Menschen gerne mit Bienen verglichen werden. Denn um mit so viel Arbeit eine so geringe Menge Honig zu bekommen, muss man schon viel Ausdauer und Durchhaltevermögen aufbringen.

Bienenfleiß ist eine gute Sache, allerdings nur, wenn er für die richtigen Ziele eingesetzt wird. Fleißig zu sein ist noch kein Wert an sich. So werden die meisten hoffentlich weder den fleißigen Seeräuber noch den emsigen Computer-Hacker als Vorbild stilisieren. Nur der Fleiß, der sich auf eine sinnvolle Sache richtet, ist erstrebenswert. Wenn man weiß, was gut ist und wofür es sich zu leben lohnt, dann sollte man sich allerdings mit „Bienenfleiß" an die Arbeit machen und keine Zeit vertrödeln.

Wer Gottes Willen für das eigene Leben erkannt hat, sollte sich nicht entmutigen lassen, auch wenn manche Dinge im Leben nun einmal lange dauern und das Ziel zunächst einmal in der Ferne zu liegen scheint. Hier kann die Biene mit ihrem Fleiß zur Ermutigung dienen. Gemessen an dem Honigglas auf dem Frühstückstisch muss der Besuch der einzelnen Blüte der Biene wohl auch wie eine sinnlose Arbeit erscheinen. Würde sie aber nicht den Nektar jeder einzelnen Blüte einsammeln, käme der leckere Honig nie zusammen. So braucht es oftmals viele Gebete, Vorsätze, Hilfen und Gespräche, bis ein gutes und sinnvolles Ziel erreicht werden kann – im eigenen Leben und bei den Menschen im persönlichen Umfeld.

2
Einfach abspeisen lassen?

Jeden, der von diesem Wasser trinkt, wird wieder
dürsten; wer aber von dem Wasser trinken wird, das
ich ihm geben werde, den wird nicht dürsten in Ewig-
keit; sondern das Wasser, das ich ihm geben werde,
wird in ihm eine Quelle Wassers werden,
das ins ewige Leben quillt.

Johannes 4,13-14

Manche lassen sich mit einem Ersatzleben abspeisen.
Statt wirklich selbst nach dem Sinn des Daseins
zu suchen und ein wahrhaft erfülltes Leben zu führen,

geben sie sich mit dem halben Leben des Fernsehhimmels zufrieden. Sie versuchen verzweifelt, das Leben der anderen zu leben, zu sein, zu reden und zu handeln, wie man das „eben so macht" oder wie es die „wirklich Coolen" tun. Könnte man sich von außen beobachten – vielleicht sogar als Außerirdischer, der die Sitten und Gebräuche dieser Welt nicht kennt –, würde man sein eigenes Leben als seltsam und sinnlos empfinden. Man legt großen Wert auf die richtige Kleidung, die spätestens in zehn Jahren nur noch zum Lachen ist, man redet über Belanglosigkeiten, die schon bald vergessen sind und das wirkliche Leben nicht betreffen, man trinkt so lange, bis man nur noch mehr Unsinn tut oder sagt, usw. So etwas ist bestenfalls ein billiges und unbefriedigendes Ersatzleben, das den Menschen schon nach kurzer Zeit leer und allein zurücklässt.

Der Ausdruck „Jemanden mit etwas abspeisen" kommt übrigens aus der Zeit, in der junge Männer bei den potenziellen Schwiegereltern um die Hand ihrer Geliebten angehalten haben. Wollte man einem Mann zu verstehen geben, dass er nicht erwünscht war, speiste man ihn im wörtlichen Sinn des Wortes ab. Je nach Region gab es typische Gerichte, die dem jungen Mann durch die Blume eine Abfuhr signalisierten. In Hessen bekam der unerwünschte Kandidat zum Abendbrot nur Käse statt Wurst und Schinken angeboten. In Teilen Westdeutschlands vermittelte man mit einem einfachen Butterbrot ein klares Nein. Wer im Oldenburger Raum Rüben und Kartoffeln vorgesetzt bekam, verstand auch, dass er nicht erwünscht war. An der Abfuhr der künftigen Schwiegereltern konnte man nur wenig ändern, wer sich selbst aber mit einem halben Leben abspeist, wo Gott doch noch vollkommen andere Perspektiven eröffnet, der ist selbst schuld.

3
Der Himmel

Unser Bürgerrecht ist in den Himmeln,
von woher wir auch den Herrn Jesus Christus
als Retter erwarten.

Philipper 3,20

Der Himmel ist oben, das Totenreich ist unten. So würden es wohl die meisten spontan sagen. Es ist ja auch naheliegend. Der Himmel ist so schön blau, weit und hell, so wie man sich den Thronsaal Gottes eben gerne vorstellt. Und alles Unterirdische wirkt ohne die entsprechende Beleuchtung eher bedrückend, dunkel und unheimlich, eben wie ein Ort für die Toten. Das sahen auch schon die alten Griechen so, weshalb sie den Wohnort der Götter auf den sonnenumfluteten Olymp verlegten. Ausführlich dokumentierten sie andererseits die verschiedenen mutmaßlichen Eingänge zur Unterwelt – hauptsächlich Höhlen und Felsspalten.

Blau ist nicht nur die Lieblingsfarbe der meisten Deutschen, es ist auch die Farbe des Himmels. Auf vielen Bildern des Mittelalters wird Gott als Herrscher vor dem Hintergrund eines blauen Himmels dargestellt. Dabei müsste man den astronomischen Himmel eigentlich schwarz mit kleinen Lichtpunkten sehen, so wie in einer sternenklaren Nacht. Blau wirkt die Atmosphäre, weil sich das Sonnenlicht an den Sauerstoff- und Stickstoffmolekülen der Luft bricht. Die Luftteilchen zerlegen das Licht in die Spektralfarben (Rot, Orange, Gelb, Grün, Blau, Violett). Die blauen Anteile des Lichts sind kurzwellig und werden deshalb stärker reflektiert als etwa das langwelligere rote Licht. In der Folge erscheint dem irdischen Beobachter der Himmel blau. Besonders intensiv ist dieses Blau bei trockener, staubfreier und sauberer Luft – in Mitteleuropa insbesondere bei Kaltlufteinfluss. Das Nationale Britische Physiklabor (NPL) hat festgestellt, dass sich der „blaueste" Himmel über Rio de Janeiro (Brasilien), über der Bay of Islands (Neuseeland)

....

und über dem Ayers Rock (Australien) erstreckt. Über die Gegenwart des göttlichen Himmels sagt das nichts.

Wer auf die Frage nach dem wahrscheinlichen Ort des biblischen Himmels nach oben weist, irrt natürlich – schon allein deshalb, weil sich die Erde kontinuierlich dreht und deshalb der ausgestreckte Finger ständig auf eine andere Region des Universums deutet. Darüber hinaus zeigt der Neuseeländer zum gleichen Zeitpunkt wie der Europäer an seinen Himmel, weist damit aber genau in die entgegengesetzte Richtung, weil er sich auf der anderen Seite des Globus befindet. Vielleicht sollte man daraus die fast philosophische Schlussfolgerung ziehen, dass sich Gottes Himmel überall befindet, ganz gleich, in welche Richtung man zeigt.

In der Bibel finden sich tatsächlich Indizien für eine solche Sichtweise. Da ist der Himmel nicht zuerst ein geografisch festlegbarer Ort, sondern ein Zustand der engen Gemeinschaft mit Gott (vgl. Lukas 11,20; 1. Korinther 13,9-12; Epheser 1,3). So kann der Himmel Gottes schon hier auf der Erde, im Leben eines Menschen präsent sein und gleichzeitig an irgendeinem anderen Ort des Weltalls. Der Himmel ist an die Gegenwart Gottes und nicht etwa an einen Planeten oder irgendeinen Prunk-Palast gebunden. Wahrscheinlich ist Gottes Himmel überhaupt nicht mit irdisch-materiellen Werkzeugen wahrnehmbar und lokalisierbar. Der biblische Himmel war schon da, als es das ganze Universum noch nicht gab, und wird auch noch existieren, wenn alle Galaxien ihr Ende gefunden haben. Gott ist Geist, sein Wohnort befindet sich am ehesten in einer anderen Dimension, die sich nicht allein mit Länge,

Höhe und Breite beschreiben lässt. Aus dieser Dimension heraus kann er jederzeit in dieser materiellen Welt erscheinen, wenn er das denn will. Der Himmel ist überall, wo Gott es bestimmt, sicher aber nicht im Blau eines schönen Sommertags.

4
Old Shatterhand

Und sucht ihr mich, so werdet ihr mich finden, ja,
fragt ihr mit eurem ganzen Herzen nach mir.

Jeremia 29,13

Zweihundert Millionen verkaufte Bücher, das ist schon ein Wort. Damit gehört Karl May (1842–1912) zu den auflagenstärksten Autoren des 19. Jahrhunderts und zu den meistgelesen deutschen Autoren weltweit.

Zweifellos ist May einer der zwiespältigsten Vertreter der deutschen Literatur. Mehrfach saß er im Gefängnis. Jahrelang hielt er seine Leser in dem Glauben, selbst die Länder bereist zu haben, von denen er so eindrücklich schrieb. Er ließ sich sogar in Pose seiner Helden fotografieren und stellte sich als „Old Shatterhand" – als „Alte Schmetterhand" – und als „Kara Ben Nemsi" – als „Karl, Sohn der Deutschen" – vor. Darüber hinaus schmückte er sich mit einem falschen Doktortitel und floh spektakulär aus einem Gefangenentransport.

Und doch fand Karl May einen Zugang zum christlichen Glauben, für den er auch in seinen Romanen intensiv wirbt. Old Shatterhand/Kara Ben Nemsi lässt keine Unklarheiten aufkommen. An der Existenz Gottes besteht für ihn überhaupt kein Zweifel, ebenso wenig an einem Leben nach dem Tod, an einem göttlichen Gericht im Himmel oder an der Befreiung des Menschen von seiner Schuld durch den Tod Jesu am Kreuz. Karl Mays Helden reden aber nicht nur, sie leben auch nach den Maßstäben des Neuen Testaments, sie helfen den Unterdrückten und schonen die Feinde, wann immer es möglich ist. Wer noch keinen Zugang zu Gott hat, dem eröffnen sie einen Zugang zum Glauben – wie dem gottlosen Betrüger Old Wabble, der sich noch kurz vor seinem Tod bekehrt. Sterbend bekennt auch der Apachen-Häuptling Winnetou seinem Blutsbruder Old Shatterhand, dass er durch dessen Vorbild und Weisheit selbst Christ geworden ist. Gegen Ende seines Lebens werfen Kritiker Karl May diese Frömmigkeit sogar als schwerwiegenden literarischen Mangel vor.

....

5
Anders, als man denkt?!

*Wenn aber jemand von euch Weisheit mangelt,
so bitte er Gott, der allen willig gibt und keine
Vorwürfe macht, und sie wird ihm gegeben werden.*

Jakobus 1,5

Manchmal sind die Dinge anders, als sie zunächst erscheinen. Vor Kurzem war ich zu Besuch in Paris. Das ist eine wirklich interessante Stadt. Unter anderem war ich natürlich bei der wohl bekanntesten Kirche der französischen Hauptstadt: Notre-Dame de Paris. Spätestens durch Victor Hugos Roman *Der Glöckner von Notre-Dame* und dessen Verfilmungen wurde die Kirche

....

weltbekannt. Im Roman und auf Bildern werden immer wieder die unheimlichen Wasserspeier in Form von Monstern und Dämonen beschrieben. Manchmal wird darauf hingewiesen, dass diese Fratzen böse Geister fernhalten sollten – typische Beispiele mittelalterlichen Aberglaubens.

Das einzige Problem an dieser Geschichte ist nur: Sie ist nicht wahr. Denn die Monster-Wasserspeier von Notre-Dame wurden erst im 19. Jahrhundert angebaut. Damals meinte man, das sähe doch richtig mittelalterlich aus.

So ist das wahrscheinlich auch mit manchen anderen Dingen in unserem Leben. Wir haben feste Vorstellungen davon, wie etwas oder jemand sein müsste. Manchmal aber beruhen diese Vorstellungen vor allem auf Vorurteilen und der kritiklosen Übernahme von Mode-Meinungen.

In Gesprächen begegnen mir immer wieder solche aufgeklärt klingenden Vorurteile gegenüber Gott und dem Glauben: „Es gibt Gott nicht, weil ich ihn nicht sehe!" – „Die Kirche hat die Wissenschaft unterdrückt!" – „Nur die Dummen glauben an Gott!" – „Die Bibel ist voller Widersprüche!" – „In der Bibel ist nur alles von anderen Religionen abgeschrieben!" usw. Ergebnis von eigenem Nachdenken und eigener sachgerechter Recherche sind diese Ideen aber meistens nicht. – Vorurteile klingen manchmal eben so schön plausibel …

6
Gehorsam

Und es wird geschehen, wenn du der Stimme des
HERRN, deines Gottes, genau gehorchst, dass du
darauf achtest, all seine Gebote zu tun, die ich dir
heute befehle, dann wird der HERR, dein Gott,
dich als höchste über alle Nationen der Erde stellen.

5. Mose 28,1

Gehorsam ist keine besonders begehrte Verhal-
tensweise, außer natürlich bei Eltern, Lehrern und
Hundehaltern. Gehorsam gilt als uncool, langweilig und
spießig, als Charaktereigenschaft von Strebern und Bes-
serwissern. Angesagte Leute hingegen sind eigenwillig,

unkonventionell und ungehorsam. Allein schon das Aufstellen einer Regel und das Verlangen von Gehorsam fordert einen selbstbewussten, coolen Kerl heraus, das Gegenteil zu wollen und zu tun – sofern es denn geht. Allenfalls wird das Gewünschte dann unter endlosem Stöhnen und mit langem Gesicht erledigt.

Das hat durchaus seinen Grund. Schließlich wurde über Generationen hinweg Gehorsam eingefordert, auch für Verhaltensweisen, die eindeutig falsch waren – wie etwa im Nationalsozialismus. Auch im DDR-Kommunismus war Gehorsam angesagt, und zwar gegenüber der Partei, zu der man gehörte, und ihren allgegenwärtigen Vertretern. Ideologien jeder Couleur wollen ihre Fans durch die Forderung nach Gehorsam zu willenlosen und hirnlosen Mitläufern transformieren.

Wer aber immer nur gehorcht, ohne zu unterscheiden, wem und warum, kommt schnell in die Gefahr, ausgenutzt und missbraucht zu werden. Der französische Denker Richelieu sagte dazu: „Die Autorität zwingt, aber die Vernunft überzeugt zu Gehorsam."

Manchmal muss man eben auch „Nein" sagen können – zumindest an der richtigen Stelle. Ein ständiger Protest gegen alles, was mir Mühe macht, schlechte Gefühle weckt oder Konsequenzen fordert, entspringt zumeist nämlich auch keiner tragfähigen Überzeugung, sondern oftmals bloßer Trägheit.

Besonders schwierig ist das Neinsagen, wenn etwas gegen die Meinung eines großen Teils der Menschen in der eigenen Umgebung oder Szene gesagt werden muss. Mit Hunderten zu demonstrieren ist keine Kunst, vielfach durch Medien verstärkte Parolen nachzusprechen auch nicht. Manchmal sagt man sogar mit einem „Ja" am richtigen Ort das nötige „Nein", eben gegen den Trend der eigenen Szene.

Eigentlich kann Gehorsam auch wirklich gut sein, wenn man in der richtigen Situation auf die richtige Person hört: auf den Arzt, auf den Fahrlehrer, auf Gott. Der deutsche Dichter Jean Paul schrieb dazu: „Gehorsam der Kinder an und für sich hat keinen Wert – denn wie, wenn sie nun aller Welt gehorchen? –, sondern nur das Motiv desselben, als verehrender, liebender Glaube und als Ansicht der Notwendigkeit adelt ihn." Man muss eben wissen, wem man warum gehorchen sollte.

Sprachgeschichtlich bedeutet der Begriff „gehorchen": auf jemanden hören. Wenn man auf die richtige Person hört, läuft vieles gut und man kann manchen Schaden vermeiden. Das gilt vor allem, wenn man auf Gott hört, denn der weiß schließlich am besten, was gut für mich ist und was mir schadet.

7
Ein Blick in die Zukunft

Denn ich bin überzeugt, dass weder Tod noch Leben,
weder Engel noch Gewalten, weder Gegenwärtiges
noch Zukünftiges, noch Mächte, weder Höhe noch
Tiefe, noch irgendein anderes Geschöpf uns wird
scheiden können von der Liebe Gottes, die in
Christus Jesus ist, unserem Herrn.

Römer 8,38-39

Die Zukunft ist auch nicht mehr das, was sie einmal war. In den 60er-Jahren schien man detailliert zu wissen, wie die Welt im Jahr 2000 aussehen würde. Heute wirken diese „absolut sicheren" Prognosen unfreiwillig

....

komisch oder zumindest seltsam. Obwohl die Jahrtausendwende schon etwas zurückliegt, gibt es heute immer noch keinen Wochenendurlaub auf dem Mond und immer noch hat nicht jedes Einfamilienhaus ein kleines Atomkraftwerk im Keller. Aber genauso haben sich Wissenschaftler die Zukunft vorgestellt. Ihre Modelle ließen eben nur einige Aspekte außer Acht. Aber das merkt man – wie meistens – erst im Nachhinein.

In ihrer Nummer vom Dezember 1953 wagten die Macher von *Hobby – Das Magazin der Technik* einen Blick in die Zukunft. Innerhalb weniger Jahre, so meinten sie, würde der Autoverkehr weitgehend automatisiert, gesteuert von Radarstrahlen. Bis zum Jahr 2000 werde es wahrscheinlich eine regelmäßige interstellare Raumschiffverbindung zum Mars geben und auf der Erde werde man sich schon bald mit fliegenden Untertassen fortbewegen.

In einem Sonderband prognostizierten die *Hobby*-Herausgeber 1968 für das Jahr 2000 eine durchschnittliche Arbeitszeit von nur noch 25 Stunden pro Woche. Schmutzige oder körperlich anstrengende Tätigkeiten gebe es dann wahrscheinlich so gut wie gar nicht mehr. Die Menschen würden sich darauf konzentrieren können, ihre Freizeit zu genießen. Eine Immunisierung gegen alle bekannten Erreger werde den Menschen vor den meisten Krankheiten schützen. Auf Mond und Mars werde es dann permanent bewohnte Siedlungen geben. Man werde sich in fliegenden Autos fortbewegen und Nahrung zu sich nehmen, die größtenteils in chemischen Fabriken hergestellt werde. Landwirtschaft sei im Jahr 2000 vermutlich von untergeordneter Bedeutung. Kriege werde man dann ganz ohne Menschen und ohne den Verlust von Menschenleben führen.

Die Herausgeber von *Die Welt von morgen machen wir heute. Ein Blick in die Zukunft* (1971) kritisierten zuerst die Futurologen des 19. Jahrhunderts. Ein großer Teil ihrer Prognosen hätten sich nicht erfüllt, stellten sie zutreffend fest. Anerkannte Professoren hatten es beispielsweise für unmöglich gehalten, dass je ein Gegenstand, der schwerer sei als Luft, fliegen könnte. Sie waren auch fest davon überzeugt gewesen, dass man nie in der Lage sein würde, ein Atom zu spalten. Der amerikanische Schriftsteller Edward Bellamy hatte 1887 prophezeit, schon bald würden alle Bürgersteige überdacht. Außerdem hatte er geglaubt, man würde in der Zukunft nicht mehr einkaufen gehen, weil einem alles per Rohrpost nach Hause geschickt würde. Im Gegensatz zu diesen Missschlägen des 19. Jahrhunderts meinten die Autoren 1971 zuverlässige Aussagen über das Jahr 2000 machen zu können. Sie stellten sich eine kugelrunde Küche im Weltraumstil vor, beschrieben, wie man Zähne, Hände und Lebern in Speziallabors züchten würde und künstliche Herzen mit miniaturisiertem Atomkraftreaktor serienmäßig transplantiert werden. Mehr als eine Million verschiedener wissenschaftlicher Zeitschriften werden dann regelmäßig erscheinen. 15 Milliarden Menschen müssten im Jahr 2000 auf der Erde Platz finden.

Eigentlich ist es durchaus lustig, solche alten Zukunftsprognosen zu lesen. Wenn die Welt schon heute nicht so ist, wie man sie sich damals vorstellte, verraten die Studien zumindest, was man damals für die Zukunft erträumte oder befürchtete. Heutige Trendstudien und

Zukunftsmodelle werden in 50 oder 100 Jahren wahrscheinlich auch albern wirken, weil sie wichtige Entwicklungen oder Erfindungen natürlich nicht voraussehen können. Das sollte einen gelassen machen. Manches von dem, wovor wir uns heute fürchten, wird nicht eintreffen – manches, was wir sehnlichst erhoffen, allerdings auch nicht. Dafür erwarten uns voraussichtlich einige Katastrophen, von denen heute noch niemand etwas ahnt. Manche heute undenkbaren Erfindungen werden dann das alltägliche Leben grundsätzlich verändert haben.

Für Christen ist hier zweierlei wichtig. Zum einen sollte man „wissenschaftlich zuverlässige" Zukunftsprognosen nicht mit absoluter Wahrheit oder biblischer Prophetie verwechseln. Da, wo Menschen sich mit ihrem systembedingt begrenzten Erkenntnishorizont häufig irren, steht Gott sicher zu seinen Ankündigungen. Das, was er vor Jahrtausenden seinen Boten mitgeteilt hat, wird er halten, so wie es zahlreiche bereits erfüllte Prophezeiungen deutlich machen. Er wird einmal dieser Welt ein Ende bereiten und jedem, der auf ihn vertraut, ein Leben in einer vollkommenen, ganz anderen Sphäre ermöglichen. Zum anderen sollten Christen sich durch die immer wieder wechselnden Zukunftsprognosen nicht zu zerstörerischen Sorgen verleiten lassen. Stattdessen sollten sie umso mehr auf Gott vertrauen, der seinen Kindern beistehen will – ganz gleich, wie die Welt von morgen tatsächlich aussehen wird.

> „Zukunft ist etwas, das die meisten Menschen erst lieben, wenn es Vergangenheit geworden ist."
> *William Somerset Maugham*

....

8
In die Bresche springen

Er hat den Schuldschein gegen uns gelöscht,
den in Satzungen bestehenden, der gegen uns war,
und ihn auch aus unserer Mitte fortgeschafft,
indem er ihn ans Kreuz nagelte.

Kolosser 2,14

Unerwartete Hilfe, wenn schon alles verloren scheint, das wünscht man sich manchmal. Dafür braucht es jemanden, der für einen „in die Bresche springt". Aber was bedeutet das eigentlich genau?

Das Wort „Bresche" taucht zum ersten Mal im 17. Jahrhundert in der deutschen Sprache auf und kommt

....

wohl von dem französischen „brèche", was so viel wie „Bruch" oder „Riss" bedeutet. Gemeint war damit früher eine Lücke in der Mauer einer Festungsanlage, durch die die Angreifer hineinkommen konnten.

In einer Zeit ohne Flugzeuge war eine solche Lücke manchmal der einzige Weg, in eine feindliche Stadt zu gelangen. Es sei denn, die Bewohner ergaben sich freiwillig.

Je nachdem, ob man zu den Angreifern oder den Verteidigern der Stadt gehörte, begrüßte man so eine Bresche in der Mauer oder beklagte sie. Die Redewendung „für jemanden in die Bresche springen" stammt wohl eher von den Angegriffenen. Nur durch einen extrem mutigen oder waghalsigen Einsatz war die Einnahme der Stadt noch zu verhindern, wenn erst einmal eine Bresche geschlagen worden war. Die Angreifer drängten in die Lücke, um in die Stadt zu gelangen. Manchmal nun sprang ein Verteidiger in die Bresche und blockierte kämpfend den Durchlass für eine kurze Zeit. Zumeist starb der Mutige schon bald unter dem Ansturm einer Überzahl von Kämpfern auf der gegnerischen Seite. Aber er konnte wertvolle Minuten gewinnen. In dieser Zeit konnten genügend Verteidiger oder Steine herangeschafft werden, um entweder die Angreifer zurückzudrängen oder die Mauerlücke wieder zu verschließen.

Wer heute für einen anderen „in die Bresche springt", ist meistens weniger waghalsig als damals. In der Regel verliert man dabei auch nicht sein Leben. Trotzdem ist ein solcher „In-die-Bresche-Springer" meist hochwillkommen. Wenn man allein von einer ganzen Gruppe fertiggemacht oder angegriffen wird, wenn man durch Zufall in eine äußerst peinliche Situation gekommen ist oder wenn man nichts mehr auf die Angriffe des Chefs zu erwidern weiß, dann ist man froh über jemanden, der für einen das Wort ergreift.

Im übertragenen Sinn springt Jesus Christus für uns Menschen in die Bresche. Wenn wir keine Worte mehr haben, um Gott unsere Schuld zu erklären, dann tritt Jesus für diejenigen ein, die ihn darum bitten. Er nimmt die Verantwortung und die Schuld auf sich, obwohl er für die Fehler seiner Schützlinge nichts kann.

....

9
Eine klare Meinung

Der HERR sieht nicht auf das,
worauf der Mensch sieht.

1. Samuel 16,7

„Es ist schwer, sich objektiv eine eigene Meinung zu bilden." – So könnte man den amerikanischen Spielfilm *Die zwölf Geschworenen* (Originaltitel: *12 Angry Men*) von 1957 zusammenfassen. Bei der Academy-Award-Verleihung von 1958 wurde der Film für drei Oscars nominiert, unter anderem für den besten Film und die beste Regie.

Auf den ersten Blick macht *Die zwölf Geschworenen* nicht viel her. Es gibt kaum Handlung, keinerlei „Special

Effekts", die ganze Geschichte spielt sich lediglich in einem einzigen Raum ab. Zwölf Geschworene sollen darüber urteilen, ob ein junger Puerto-Ricaner seinen Vater ermordet hat oder nicht. Unter den Männern befinden sich die unterschiedlichsten Typen: ein Rentner, ein aufbrausender Choleriker, ein Rassist, ein Schüchterner, ein streng Rationaler, ein Spaßvogel, ein Mitläufer, ein Einfältiger usw.

Der eine sieht im Angeklagten seinen Sohn, von dem er enttäuscht wurde, der andere will nur möglichst schnell nach Hause und noch ein anderer hält den Jugendlichen für schuldig, weil dieser aus einem schlechten sozialen Milieu stammt. – „Denen muss man alles zutrauen! Die sind alle gleich!"

Anfänglich sind sich die Geschworenen einig, die Beweise für den Mord scheinen klar. Bis auf einen stimmen alle für den Schuldspruch. Dieser eine Geschworene beginnt Fragen zu stellen, zieht die Zeugenaussagen in Zweifel und bringt neue Interpretationen der Indizien vor. Einer nach dem anderen kommt zu dem Schluss, dass der Angeklagte möglicherweise doch unschuldig ist. Jeder der Geschworenen wird durch ein anderes Detail überzeugt: Ein Ohrenzeuge kann den Mord eigentlich nicht gehört haben, weil gleichzeitig eine Hochbahn lautstark vorbeifuhr. Eine Augenzeugin kann den Verdächtigen nicht erkannt haben, weil sie ohne Brille nicht deutlich sehen kann. Das Messer, das als Tatwerkzeug festzustehen schien, ist doch nicht so einzigartig, wie es zunächst den Anschein hatte.

Spannend werden die einzelnen Charaktere nachgezeichnet. Es wird gezeigt, wie sie sich ihr Urteil gebildet haben und wie sie sich durch die Meinung der anderen beeinflussen lassen. Bis heute gilt der Film bei Soziologen und Psychologen als ein Musterbeispiel zur Anschauung von Rollenverhalten und gruppendynamischen Prozessen.

Nach dem Film kann sich der aufmerksame Zuschauer gründlich darüber ärgern, wie schnell ein Unschuldiger durch die unzureichende Interpretation von Zeugenaussagen und anderem Belastungsmaterial ins Gefängnis wandern kann.

Auf einer anderen Ebene aber fordert der Film dazu heraus, sich zu fragen, wie die eigenen Meinungen und alltäglichen Urteile entstehen. Tatsächlich tendieren viele dazu, Überzeugungen und Wertungen mehr oder weniger blind aus ihrer Umgebung zu übernehmen, wenn sie von Personen stammen, die sie für glaubwürdig halten. Manche sind zu bequem, sich intensiver mit einem Sachverhalt auseinanderzusetzen. Andere wollen gerne in der Gruppe, in der sie leben, anerkannt sein und übernehmen deshalb deren Wertungen. Wieder andere sehen Situationen und Menschen durch die Brille ihrer eigenen Erfahrungen. Sie be- und verurteilen, ohne sich den konkreten, einzelnen Fall überhaupt erst gründlich angesehen zu haben. Manche gehen gewöhnlich von ihrem eigenen Verhalten in einer ähnlichen Situation aus und meinen, alle anderen müssten wie sie denken, empfinden und handeln.

Abgesehen von der Problematik, eine Situation oder einen Menschen vollkommen falsch eingeordnet zu haben, führt der Film dem Zuschauer vor Augen, dass solche Beurteilungen meist auch Auswirkungen haben.

....

In diesem Fall geht es um Leben oder Tod für den Angeklagten. In anderen Situationen können zerbrochene Beziehungen, Enttäuschungen oder materieller Verlust eine Folge falscher Urteile sein. Glücklicherweise sieht Gott den Menschen, wie er wirklich ist, ganz ohne Vorurteile, ohne äußeren Schein und ohne den Meinungsdruck der Mehrheit.

10
Wissenschaft vs. Glauben?

Der Himmel erzählt die Herrlichkeit Gottes, und das
Himmelsgewölbe verkündet seiner Hände Werk.

Psalm 19,2

„Die Wissenschaft hat den Glauben überflüssig gemacht" – so sehen es manche Menschen. Das klingt,
als ob es einen wie auch immer gearteten Wettbewerb
zwischen der Wissenschaft und der Theologie gäbe.

In gewisser Weise gibt es den tatsächlich, nicht so
sehr in technischer Hinsicht als vielmehr in ihrem An-
spruch, die Welt erklären zu können. Wer ein allgemein anerkanntes Weltdeutungsmuster vorlegen kann,

beeinflusst dadurch das Leben und Denken der Menschheit. An den Universitäten merkt man das kaum; da sitzen Theologen und Physiker, Philosophen und Chemiker vereint unter dem gemeinsamen Dach der akademischen Wissenschaft. Die Theologie hat sich tatsächlich bereits weitgehend einem naturwissenschaftlich dominierten Weltbild ein- und untergeordnet.

Das war nicht immer so. Im Mittelalter dominierte die theologische Sicht der Dinge. So gut wie jeder Wissenschaftler war von der Existenz Gottes und der Wahrheit der Bibel überzeugt. Man stritt höchstens um deren „richtige" Interpretation. Jeder Wissenschaftler bekam zuerst eine theologische Grundausbildung, um dann die Prinzipien, die er dort lernte, in seinem Fachbereich anwenden zu können. Trotz aller modernen Vorurteile dem Mittelalter gegenüber blühte auch in dieser Zeit die Wissenschaft. Selbst in der Renaissance und in der Reformation wurde noch ein Großteil der Forschung mit christlichem Weltbild und kirchlicher Finanzierung betrieben.

Erst in den vergangenen 200 Jahren setzte sich ein säkulares, häufig materialistisches Weltbild durch. Heute dominiert diese Sichtweise, zumindest in der westlichen Welt. Alle Lebens- und Wissensbereiche, einschließlich dem des Glaubens, werden vor dem Hintergrund dieses Weltbildes interpretiert. Den meisten kommt das heute genauso natürlich vor wie den Menschen des 10. Jahrhunderts das christlich-spirituelle Weltbild. Man wundert sich nicht einmal über den seltsamen Versuch, Gott oder göttliche Offenbarung plötzlich mit den Mitteln der Linguistik oder der Biologie erklären zu wollen. Dabei sind die Zielsetzung und Methodik beider

....

Wissenschaften ganz offensichtlich vollkommen unsachgemäß, wenn es um immaterielle, übernatürliche Dinge geht.

Gelegentlich wird die Existenz des Metaphysischen sogar geleugnet, weil sie mit den Mitteln der Soziologie oder Physik nicht fassbar oder nachweisbar ist. Dabei musste es doch eigentlich offensichtlich sein, dass Gott und Seele diesen auf materielle, innerweltliche Phänomene konzentrierten Wissenschaften prinzipiell nicht zugänglich sind. Im Alltag käme ja auch niemand auf die Idee, die Gebrauchsanleitung für einen Computer mit den Mitteln der Chemie verstehen zu wollen oder nach den Regeln der Informatik ein Essen zu kochen. Ebenso seltsam müsste es eigentlich erscheinen, die Wirklichkeit erst auf materielle, immanente Erscheinungen zu reduzieren und dann alles, was nicht in dieses Weltbild passt, als irrelevant zu deklarieren, weil diese Aspekte mit den Mitteln einer materialistischen Wissenschaft nicht zufriedenstellend erklärt werden können.

Bereichernd wäre es doch auch hier – wie in jedem anderen Lebensbereich –, verschiedene Zugangswege zur Wirklichkeit gleichberechtigt nebeneinander stehen zu lassen, statt immer wieder zu versuchen, sie dem eigenen Modell, der eigenen Arbeitsweise unterzuordnen. Dann kann sich die Geologie auf geologische Probleme, die Chemie auf chemische Phänomene und die Theologie auf übernatürliche Zusammenhänge konzentrieren und eine jeweils dafür angemessene Methodik entwickeln. Dann müssen Biologie und Physik nicht mehr die ganze Welt erklären, sondern können sich auf die Bereiche der Wirklichkeit konzentrieren, für die sie sachgerecht aus-

....

gerüstet sind. Diese Erkenntnis hat die Theologie schon weitgehend hinter sich, manche Bereiche der Naturwissenschaft aber noch vor sich. Vielleicht ist es dann wieder möglich, angemessen und ohne peinliche Scheu über Fragen des Glaubens zu diskutieren.

11
Himmelweit

Du, HERR, bist es, du allein. Du, du hast den Himmel
gemacht, die Himmel der Himmel und all ihr Heer,
die Erde und alles, was darauf ist, die Meere
und alles, was in ihnen ist.

Nehemia 9,6

Der Himmel besteht aus Äther. Gemeint ist hier natürlich nicht der chemisch-pharmazeutische Äther, der korrekt als Diethylether bezeichnet wird. Der wurde lange als Narkotikum benutzt und auch als relativ günstiges Rauschmittel. Mancher fühlte sich nach dessen Konsum sicherlich wie im Himmel. Ich meine hier aber den griechischen *Aether*, die Personifikation des „oberen Himmels", der als Sitz des Lichts und der Götter gesehen wurde. Der Körper eines Verstorbenen, so dachten die alten Griechen, sinke in die Erde (Gaia) hinab, während die Seele in den *Aether*, in die Welt der Götter, aufsteige.

Ausgehend von diesen mythologischen Vorstellungen nannten die Naturwissenschaftler des 17. Jahrhunderts die Substanz, die vorgeblich das Weltall erfüllte, Äther. René Descartes ging davon aus, dass die Planeten und Sterne auf Ätherwirbeln schwimmen. Dieser Äther übertrüge auch die Kräfte zwischen den einzelnen Himmelskörpern, so meinte er.

Die These über den Äther erwies sich als äußerst hilfreich und wurde damals vielfach wissenschaftlich bestätigt. Die Vorstellung, dass das Weltall vollkommen leer sein solle, dass dort das absolute Vakuum herrsche, wurde einhellig abgelehnt. Zum einen sei das „Nichts" nicht vorstellbar, zum anderen bräuchte es Materie, um Lichtwellen weiterzutragen. Alle Wellen seien auf Materie als Trägersubstanz angewiesen. Und dass das Licht sich auch im Weltall ausbreite, zeige sich jedem Menschen, der Sonne, Mond und Sterne beobachte. Das Grundmodell des Äthers wurde natürlich immer wieder modifiziert und an den jeweiligen Forschungsstand angepasst. Isaac Newton, der Vater der modernen Physik, meinte beispielsweise, der Äther müsse sehr schwach konzentriert sein, sonst würde er die Bewegungen der Planeten abbremsen und sie schließlich anhalten.

Bis ins 20. Jahrhundert hinein galt die These vom Äther im Weltall als wissenschaftlicher Standard. Auch Albert Einstein rechnete bis zur Entwicklung seiner speziellen Relativitätstheorie fest mit dem Äther. Gewisse Zweifel meldeten sich, weil der Äther sich nicht so verhielt, wie man es von ihm erwartete. Wie ein Gegenstand, der sich durch Wasser oder Luft bewegt und dadurch in diesem Medium Verwirbelungen auslöst, so müsse auch die Erde, wenn sie durch den kosmischen Äther rausche, Ätherwirbel hinter sich lassen. Die Bewegung des Äthers müsse man messen können wie den Wind als Bewegung der Luft.

Berühmt wurde das „Michelson-Morley-Experiment", benannt nach dem Physiker Albert Abraham Michelson und dem Chemiker Edward William Morley, die es durchführten (1881/1887). Die beiden Wissenschaftler schickten Lichtstrahlen einmal in und einmal gegen die prognostizierte Bewegungsrichtung des Äther-Windes. Eigentlich müsste der eine Lichtstrahl durch den Äther-Wind leicht abgebremst und der andere beschleunigt werden, so vermutete man. Ergebnis des Experiments war allerdings, dass sich beide Lichtstrahlen gleich schnell bewegten und ein materieller Äther-Wind folglich kaum existieren könne.

Vollkommen widerlegt ist das Konzept des Äthers bis heute nicht. Aber im Laufe des 20. Jahrhunderts geriet dieses Modell immer mehr in Vergessenheit, weil es die zu beobachteten Phänomene im Weltall nur unzureichend erklären konnte.

Auch wenn die Existenz des Äthers bisher nicht gänzlich ausgeschlossen werden kann, so lachen die meisten Physiker heute über die Vorstellungen früherer Forschergenerationen. Jetzt geht man davon aus, dass der Himmel nicht vom Äther, sondern vom Nichts erfüllt ist.

Es ist schon erstaunlich, wie veränderlich naturwissenschaftliche Wahrheiten sind, von deren Gültigkeit man über Jahrhunderte fest überzeugt war, wie sie sich in Nichts auflösen bzw. vollkommen anderen Welterklärungskonzepten Platz machen, die zumindest vorläufig als wahr angesehen werden können. Wie relativ erscheint da doch naturwissenschaftliche Wahrheit, von der viele Menschen absolute und unerschütterliche Sicherheit erwarten!

Ob nun Äther oder ein großes Nichts das Weltall erfüllt, so dürfen Christen wissen, dass es Gott ist, der mit seiner Kraft alles ins Leben ruft, durchdringt, erhält und zerfallen lassen kann (vgl. Johannes 1,1 f.; Kolosser 1,16 f.).

....

12

Ein Brett vor dem Kopf?

Der HERR öffnet die Augen der Blinden.

Psalm 146,8

Wer „ein Brett vor dem Kopf hat", ist nicht ganz so helle, erkennt etwas ganz Offensichtliches nicht oder ist einfach schwer von Begriff. In jedem Fall handelt es sich hier um keine lobende Feststellung. Etwas unfreundlich stellt man den, der „ein Brett vor dem Kopf" hat, auf eine Stufe mit einem träge dahintrottenden Ochsen – denn der hatte ehemals wirklich „ein Brett vor dem Kopf".

Als Ochsen nämlich noch beliebte Zugtiere für Wagen und Pflug waren, liefen diese eigenwilligen Tiere oft nicht dahin, wo ihr Besitzer es wollte, sondern dorthin, wo Fressen oder Wasser lockten. Also legte man den Ochsen ein enges Kopfgeschirr aus Holz an. Das „Brett vor dem Kopf" hinderte sie daran, nach rechts und links zu schauen oder gar eigene Wege zu gehen.

Begriffsstutzigen oder einfältigen Menschen wirft man seitdem gelegentlich vor „ein Brett vor dem Kopf" zu haben. Die Schriftstellerin Marie von Ebner Eschenbach meint: „Jeder Mensch hat ein Brett vor dem Kopf, es kommt nur auf die Entfernung an." Damit hat sie wohl nicht ganz unrecht. Tatsächlich hat wohl jeder seine persönlichen Denkschranken und seine liebgewordenen Denkgewohnheiten, die ihn oder sie hindern, die Welt auch einmal mit anderen Augen zu sehen. Viele haben gerade in Bezug auf die eigenen Fehler und Schwächen „ein Brett vor dem Kopf". Manche Zeitgenossen scheinen eins zu haben, wenn es um Warnungen geht, die die Bibel uns mit auf den Weg gibt. Sie warnt uns zum Beispiel vor Betrug, Bestechung, Saufgelagen oder schmeichelnden Freunden. Spätestens nach ein paar Jahren eigener Erfahrung könnten alle feststellen, dass diese Warnungen berechtigt sind. Trotzdem scheinen manche dafür blind zu sein und machen deshalb dieselben Fehler immer und immer wieder.

13
„Wer schnell vergisst,
ist eher tot!"

Denke daran, vergiss nicht, wie du den HERRN,
deinen Gott, in der Wüste erzürnt hast! Von dem
Tag an, als du aus dem Land Ägypten herausgezogen
bist, bis ihr an diesen Ort kamt, seid ihr
widerspenstig gegen den HERRN gewesen.

5. Mose 9,7

Vergessen kann bisweilen schon mal ganz gut,
manchmal sogar notwendig sein. Wer immer nur
daran denkt, was in der Vergangenheit schiefgelaufen ist
oder was andere Menschen einem Übles angetan haben,

....

geht innerlich kaputt. Entweder entwickelt er einen Hass auf diejenigen, die ihm Schaden und Verletzungen zugefügt haben, oder er wird zynisch und distanziert, er lacht über alles und lässt nichts mehr an sich herankommen, um nicht erneut verletzt zu werden. Oder er rutscht in Verzweiflung und Depression ab, weil er jede Perspektive im Leben verloren hat.

Alle diese Reaktionen sind nachvollziehbar, aber sie sind keine wirklichen Lösungen. Sie töten den Menschen innerlich ab. Sie fügen anderen wiederum Leid zu. Und sie verbauen jede Möglichkeit, dem eigenen Leben noch eine neue Wendung zu geben.

Natürlich ist es gelegentlich hilfreich, schmerzhafte Dinge zu vergessen, anderen Menschen zu vergeben, sich auf das Positive zu konzentrieren. In anderen Situationen aber wäre es gut, sich zu erinnern, um nicht immer und immer wieder dieselben Fehler zu machen – wie die Fliege, die bis zum Tod gegen die gleiche Fensterscheibe fliegt, weil sie jedes Mal vergessen hat, dass sie schon Sekunden zuvor vergeblich den Versuch unternommen hat, durchs Glas zu fliegen.

Die alltägliche Vergesslichkeit kann schon mal amüsant sein und oft bleibt sie ohne größere Konsequenzen. Kaum einer erinnert sich noch an die Filme oder Romane, die er vor einem Jahr gesehen oder gelesen hat, selbst wenn er sie damals ganz unterhaltsam fand. Und wer sich an den Namen des Films erinnert, hat den Inhalt meistens vergessen. Schwieriger ist es schon, wenn einem die Namen von Personen entfallen sind, die im eigenen Leben einmal eine wichtige Rolle gespielt haben, oder wenn man sich nach Jahren der Abwesenheit nicht mehr erinnert, wo was in einer Stadt zu finden ist, in der man einmal zu Hause war. Noch unangenehmer ist es, wenn man bestimmte Dinge im eigenen Haus oder am eigenen Schreibtisch nicht mehr wiederfindet, weil man vergessen hat, wohin sie verstaut wurden. Zum Glück hat zumindest der Computer ein Suchprogramm für verlegte Dokumente und Dateien. Krankhaft kann es im Alter werden, wenn man in dementem Zustand selbst seine nächsten Angehörigen nicht mehr wiedererkennt. Mit der passenden Methode kann man sich manches – wie zum Beispiel Vokabeln oder Namen – auch über längere Zeit einprägen.

Solange die Vergesslichkeit keine allzu großen Auswirkungen auf das eigene Leben und auf das anderer Menschen hat, geht es ja noch. Und manchen miesen Arbeitstag oder Urlaub vergessen wir durchaus gerne. Wer aber zum Beispiel zu schnell vergisst, warum eine Beziehung zerbrochen ist, und sich sofort in die nächste stürzt, steht in der Gefahr, dieselben Verhaltensfehler zu wiederholen. Wer zu schnell vergisst, wie er von Betrügern mit falschen Versprechungen über den Tisch gezogen wurde, wird immer wieder auf dieselbe Masche hereinfallen. Wer in seliger Ostalgie zu schnell die Unterdrückungen des Sozialismus vergisst, bereitet den Boden für eine nächste Meinungsdiktatur. Religiöse Verführer, Werbefachleute und Politiker bauen auf die kurze Erinnerung ihrer Anhänger. Regelmäßig versprechen sie Dinge, die dann später nicht eintreffen oder von ihnen nicht gehalten werden. In dem Augenblick, in dem die Versprechungen gegeben werden, mobilisieren sie die Menschen und machen sie zu begeisterten

Sympathisanten. Die spätere Enttäuschung ist schon bald wieder vergessen und dann wollen die Fans neue „falsche" Versprechungen hören und ihnen glauben.

Da erfüllt es sich wirklich: „Wer schnell vergisst, ist eher tot." Die eigenen, immer wieder „vergessenen" Fehler, töten viele Menschen schlussendlich. Trotz zahlreicher Chancen zur Veränderung hält man aus Trägheit, Mutlosigkeit oder Vergesslichkeit an den als falsch erkannten Verhaltens- und Denkweisen fest. Und dann stirbt man an zu viel Alkohol, am endlosen „Clown-Spielen", am zu riskanten Fahren, an der Suche nach „schneller Liebe" oder am eigenen Egoismus. Manchmal ist das auch ein langsames Sterben, ein Dahinsiechen ehe der Körper seinen Geist aufgibt.

Wer Gott kennt, muss die schmerzhaften Erfahrungen nicht verdrängen und vergessen. Er kann sich der Vergangenheit stellen, weil Gott Fehler vergibt und hilft, mit deren Konsequenzen zu leben. Gott will allerdings auch die Erinnerung an Fehler der Vergangenheit wach halten, damit sie sich nicht endlos wiederholen. Wem die Kraft fehlt, sich oder sein Leben zu verändern, dem will Gott Einsicht und Kraft geben, zu schaffen, was alleine nicht zu schaffen ist. Allerdings muss man sich dann auf die Regeln und Prinzipien Gottes einlassen.

14
Getäuscht

Da es nun schon viele unternommen haben, einen
Bericht von den Ereignissen zu verfassen, die sich
unter uns zugetragen haben, wie sie uns die
überliefert haben, die von Anfang an Augenzeugen
und Diener des Wortes gewesen sind, hat es auch
mir gut geschienen, der ich allem von Anfang an
genau gefolgt bin, es dir, hochedler Theophilus,
der Reihe nach zu schreiben, damit du die
Zuverlässigkeit der Dinge erkennst,
in denen du unterrichtet worden bist.

Lukas 1,1-4

Viel ist wenig und wenig ist viel. – Gläubig ist ungläubig und ungläubig ist gläubig." Manchmal kommt man sich vor wie bei den orientalischen Hütchenspielern. Nach vielem Hin und Her weiß man am Ende nicht mehr, unter welchem Hütchen etwas liegt und unter welchem nichts ist. So ähnlich verlaufen auch manche Gespräche. Mit viel Wortgeklingel, beeindruckenden Fremdworten und einer raffinierten Scheinlogik kommt am Ende genau das Gegenteil von dem heraus, was man am Anfang gedacht hatte.

Immer wieder trifft man auch Christen, die kaum noch etwas glauben, sich aber selbst als außerordentlich gläubig feiern. Sie glauben nicht, dass die in der Bibel genannten Autoren wirklich für die entsprechenden Bücher verantwortlich sind, sie glauben nicht, dass Jesus tatsächlich Blinde geheilt und Kranke gesund gemacht hat, sie glauben nicht, dass Abraham oder Mose je gelebt haben, sie glauben nicht an die Vergebung der Sünden oder an das himmlische Gericht usw.

Gelegentlich fällt es ihnen sogar schwer, klar zu benennen, was sie überhaupt noch glauben. Eines aber wollen sie mit Sicherheit wissen: Sie sind wesentlich gläubiger als diejenigen, die von der Wahrheit biblischer Aussagen überzeugt sind. Sie gehen davon aus, dass die Bibel an zahlreichen Stellen irrt, dass vieles von dem, was dort berichtet wird, nie stattgefunden hat und trotzdem (!) haben sie ihren Glauben nicht aufgegeben. Das nennen sie dann einen „akademischen, aufgeklärten und mündigen Glauben", der sei stark, auch wenn inhaltlich nicht mehr viel vorhanden ist.

Hier geht es offensichtlich nach dem Prinzip: Je mehr ich im christlichen Glauben für falsch halte, ohne den Glauben ganz zu verlieren, desto gläubiger bin ich. Wer Gott hingegen einfach so Vertrauen schenkt, ohne viel zu zweifeln und infrage zu stellen, gilt als weit weniger gläubig.

Da schwirrt einem doch der Kopf, wenn der, der inhaltlich wenig glaubt, zu dem wird, der viel glaubt, und der, der vielen der Aussagen der Bibel vertraut, zu einem wenig Gläubigen erklärt wird.

Zum Glück ist es bei Jesus Christus nicht so verwirrend. Er kommt einem Menschen durch sein Leben und sein Reden glaubwürdig nahe. Wer ihm vertraut und auf seine Zusagen baut, gilt für den Sohn Gottes als gläubig – und das ist schließlich das Entscheidende.

15
Herzlich willkommen

Nach Gastfreundschaft trachtet!

Römer 12,13

Gastfreundschaft ist eine tolle Sache. Wer einmal irgendwo in der Fremde herzlich aufgenommen und bewirtet wurde, kann das bestätigen. Nicht nur, dass man einen Platz zum Schlafen gefunden und genügend zu essen bekommen hat, immer wieder findet man auf diese Art auch neue Freunde. Der im privaten Wohnbereich entstandene Kontakt bleibt bestehen oder vertieft sich sogar noch.

Die Deutschen gelten gemeinhin nicht als besonders gastfreundlich, zumindest im Vergleich mit Orientalen,

....

Afrikanern usw. Doch vielleicht drückt sich die Gastfreundschaft ja auch nur anders aus.

Das, was heute Luxus ist und auf Freiwilligkeit beruht,
war im deutschen Mittelalter gesetzlich geregelt. Hotels
bzw. Gasthäuser waren vielerorts noch die Ausnahme.
In der Regel musste man privat unterkommen und war
angewiesen auf die Ehrlichkeit und Gastfreundschaft von
Privatleuten. Gelegentlich soll es auch vorgekommen
sein, dass Durchreisende einfach verschwanden und mit
ihnen natürlich auch ihr Eigentum. Skrupellose Gastgeber ermordeten ihre Schützlinge, um sich an ihnen
zu bereichern. Das galt selbstverständlich auch damals
als Straftat – oft suchte aber auch niemand lange nach
den Verschwundenen.

Sicherer war da die Unterkunft in einem Kloster. Nach
der Regel des Benedikt von Nursia (480–547) verpflich-
teten sich die Mönche, Durchreisende für maximal drei
Tage aufzunehmen, ihnen zu essen zu geben und sie,
wenn nötig, auch zu pflegen. Diese Praxis war durch die
Bibel motiviert, in der Christen von Gott zur Gastfreundschaft aufgefordert werden. Und gute Christen wollten
die Mönche schließlich sein.

Problematisch wird es, wenn einer von beiden – der
Gastgeber oder sein Gast – seinen Teil der Aufgabe nicht
ausreichend oder aber zu sehr erfüllt. Bekommt man
nur eine Pritsche im zugigen Keller angeboten oder nur
das vertrocknete Brot von letzter Woche, dann kann der
Gast zwar nur schwer das Haus verlassen, angenehm
wird sein Aufenthalt aber auch nicht. Wird der Gast
aber mit zu viel Freundschaft „überfallen", kann es für
ihn peinlich werden; er kommt nicht zur Ruhe, fühlt sich

....

zu einem besonders großen Gastgeschenk oder zu einer anderen Gegenleistung verpflichtet. Er wagt nicht, irgendetwas abzulehnen, um den Gastgeber nicht etwa zu beleidigen, auch wenn er seltsame Speisen vorgesetzt bekommt oder noch um zwei Uhr morgens der Schwiegermutter vorgestellt werden soll. Wie bei fast allem gibt es auch hier ein Zuviel und ein Zuwenig.

In Deutschland kann man sich zumindest in der Regel auf seine Gäste vorbereiten, denn es gilt als selbstverständlich, sich vorher anzumelden. In vielen Ländern der Welt kommt man einfach vorbei, wenn einem danach ist, und das auch für mehrere Tage. Dann wäre es eine Schande, die vor der Tür stehenden Besucher nicht freudig aufzunehmen.

Der Philosoph Friedrich Nietzsche (1844–1900) meinte etwas pessimistisch: „Der Sinn in den Gebräuchen der Gastfreundschaft ist, das Feindliche im Fremden zu lähmen." Demnach will der Gastgeber den Gast durch seine freundliche Aufnahme vor allem von unüberlegten Gewalttaten abhalten. Dieser Blickwinkel erscheint mir allerdings doch etwas einseitig.

Zumeist ist Gastfreundschaft eine tolle Sache – für den, der kommt, und für den, der einen anderen willkommen heißt. Man kann Menschen neu kennenlernen, ihnen praktisch weiterhelfen und Abwechslung erfahren. Allemal ist private Gastfreundschaft interessanter als ein Hotelbesuch. Außerdem ist es eine christliche Tugend:

Die Gastfreundschaft vergesst nicht. Denn dadurch haben einige, ohne es zu wissen, Engel beherbergt.
Hebräer 13,2

....

16
Gutes tun

Lasst uns aber im Gutestun nicht müde werden!
Denn zur bestimmten Zeit werden wir ernten,
wenn wir nicht ermatten.

Galater 6,9

Wer Gutes tut, wird dafür nicht immer belohnt. Gerade habe ich wieder einmal ein Buch über den Zweiten Weltkrieg gelesen. Ein grausamer Krieg, der vielen Menschen Tod und Leiden gebracht hat! Es gab aber auch einzelne Menschen, die versuchten, die Situation etwas humaner zu gestalten. Doch belohnt wurde das nicht immer.

Nachdem er am 12. September 1942 den britischen Truppentransporter *Laconia* torpediert hatte, nahm Kapitänleutnant Werner Hartenstein so viele Schiffbrüchige wie möglich auf sein U-Boot (U 156) und funkte bei Briten, Amerikanern und Deutschen nach weiterer Hilfe. Vier Tage blieb das U-Boot an Ort und Stelle, Hartenstein und seine Männer versorgten die verwundeten Feinde und gaben allen „Aufgefischten" zu essen. Schließlich kamen zwei andere deutsche U-Boote und brachten viele der Schiffbrüchigen ans Festland. Um die anderen kümmerte sich weiterhin die Besatzung von U 156. Schließlich erschien ein amerikanisches Liberator-Flugzeug aus Freetown und beschoss das U-Boot und die Rettungsboote, die es im Schlepptau hatte, obwohl darin viele verbündete Briten und Polen saßen. Zahlreiche Engländer wurden durch den Angriff der Amerikaner getötet und das U-Boot wurde stark beschädigt. Das amerikanische Militär gab später an, es sei ihnen durchaus bewusst gewesen, dass verbündete Briten und Polen an Bord gewesen seien. Es sei aber wichtiger gewesen, das feindliche U-Boot zu vernichten, als die verbündeten Schiffbrüchigen zu schützen.

Als Konsequenz aus diesem Zwischenfall erhielten alle deutschen U-Boote den Befehl, in Zukunft keinen Schiffbrüchigen mehr zu Hilfe zu kommen, auch wenn es dazu die prinzipielle Möglichkeit gäbe.

Da versucht einer, selbst im Krieg etwas Menschlichkeit zu zeigen, und kommt deshalb fast selbst zu Tode. Auch im Leben als Christ hat lange nicht immer der einen Vorteil, der versucht richtig zu handeln. Dennoch fordert das Wort Gottes uns dazu auf. Denn auch wenn wir hier

....

auf der Erde keine Anerkennung dafür bekommen – bei Gott bekommen wir sie, und das ist weit wertvoller.

17
Lernen will gelernt sein

Dies sind die Sprüche Salomos […]
Sie lehren Weisheit und Erziehung und ein
kundiges Wort zu verstehen, um gute Bildung zu
erlangen, einen Sinn für Recht und Aufrichtigkeit,
und zu leben, wie es Gott gefällt.

Sprüche 1,1-3; NeÜ

....

Im Allgemeinen ist Lernen mit Mühe und Anstrengung verbunden. Nur die wenigsten Menschen amüsieren sich beim Lernen von Vokabeln oder Geschichtsdaten.

Dem 1893 geborenen Otto Pöhler ging es da offensichtlich anders. Schon mit eineinhalb Jahren las der Sohn eines Braunschweiger Schlachters von seinem Kinderwagen aus die Werbeplakate und fragte seine Mutter nach den dargestellten Artikeln. Mit zwei las er alles, was ihm in die Hände kam. Ein halbes Jahr später wurde er im Zoologischen Garten von Leipzig einem staunenden Publikum vorgeführt. Inzwischen konnte er fließend Deutsch und Lateinisch lesen. Alles, was er einmal gelesen hatte, konnte er sich dauerhaft merken, weshalb er jedes Buch und jede Geschichte auch nur einmal lesen wollte.

Charles Bennett (17. Jh.) aus Manchester war als Dreijähriger in der Lage, lateinische, griechische und hebräische Verse fehlerfrei ins Englische zu übersetzen.

Victor de Jouy (1769–1846) konnte mit 13 die gesammelten Werke Voltaires auswendig vortragen – immerhin 36 Bände! Der englische Historiker Thomas Babington (1800–1859) lernte als Vierjähriger, einfach aus Spaß, den umfangreichen Katalog der Kunstsammlung der Universität Oxford auswendig. Christian Heinrich Heinecken (1721–1725) sprach bereits als Dreijähriger neben seiner Muttersprache Deutsch auch noch Lateinisch, Griechisch, Französisch und Englisch. Altersuntypisch war seine Lieblingslektüre in diesen jungen Jahren: die großen Philosophen der Antike.

Wer sich Dinge nicht ganz so schnell merken kann wie diese Wunderkinder, gehört wahrscheinlich zu den

....

relativ normalen Menschen. Lernen macht nun einmal Mühe. Das gilt sowohl für das Lernen in Schule und Studium als auch für das Lernen im Alltag und im Glauben. Wer erst frisch im Glauben steht, ist damit noch keinesfalls perfekt in seinem Reden oder gar allwissend — es sei denn, er stirbt sofort und steht dann vor Gott. Wer gerade Christ geworden ist, versteht nicht sofort jedes Geheimnis der sichtbaren und unsichtbaren Welt. Er lebt und denkt auch noch nicht sofort wie Gott. Lernen im Glauben erfordert genau dieselbe Konsequenz und Ausdauer wie das Lernen im Studium, sonst kommt man nicht richtig voran und ist ständig frustriert und enttäuscht.

Schon Paulus sagte von sich:

Nicht, dass ich es schon ergriffen habe oder schon vollendet bin; ich jage ihm aber nach, ob ich es auch ergreifen möge, weil ich auch von Christus Jesus ergriffen bin. Brüder, ich denke von mir selbst nicht, es ergriffen zu haben; eines aber tue ich: Ich vergesse, was dahinten, strecke mich aber aus nach dem, was vorn ist, und jage auf das Ziel zu, hin zu dem Kampfpreis der Berufung Gottes nach oben in Christus Jesus.
Philipper 3,12-14

18
Alles in Butter

Von allen Seiten umschließt du mich,
ich bin ganz in deiner Hand.

Psalm 139,5; NeÜ

„Alles in Butter" bedeutet so viel wie: „Keine Probleme. Alles ist okay. Es läuft wie vorgesehen." Darüber, wie der Ausdruck entstanden ist, streiten sich die Gelehrten noch. Die einen meinen, diese Redewendung gehe auf die erfolgreiche Werbeaktion eines Berliner Gastwirts aus dem 19. Jahrhundert zurück. „Alles in Butter" war für ihn eine Aussage über die Qualität der hier angebotenen Speisen. Er wollte damit sagen: „Bei mir wird nur mit Butter gekocht und gebacken – nicht mit Margarine." Natürlich könnte man jetzt lange und intensiv darüber streiten, ob schlussendlich Margarine oder Butter besser bzw. gesünder ist – an der Meinung dieses Gastwirts wird das wohl nichts mehr ändern. Sehr wahrscheinlich ist der Ausdruck „Alles in Butter" aber noch weit älter.

Auf den holprigen Straßen des Mittelalters war es manchmal Glückssache, kostbare, zerbrechliche Güter wie Glas und Porzellan heil über weite Strecken zu transportieren. Versierte Spediteure kamen deshalb auf die Idee, das Geschirr in Butterfett einzugießen. Wenn nun eine Kiste oder ein Fass erschüttert wurde oder gar vom Wagen fiel, fing die Butter alle gefährlichen Stöße auf. Man konnte dann mit Recht sagen: „Alles in Butter, keine Probleme, dem Porzellan kann nichts passieren, in dem großen Butterklumpen ist es sicher aufgehoben." Am Zielort angelangt, erwärmte man die Butter wieder und konnte das Geschirr oder die Gläser unbeschadet aus dem flüssigen Fett holen.

Im alltäglichen Leben ist leider nicht immer „alles in Butter", auch nicht für gläubige Christen. Doch irgendwie trifft das Bild auch eine geistliche Realität. Wie das Porzellan durch die Butter geschützt wird, von der es rundum eingehüllt ist, so ist auch der Christ von allen Seiten von Gott umgeben, der versprochen hat, ihn vor wirklich gefährlichen Situationen zu beschützen. Wenn es dann im Leben doch einmal schwierig wird oder sogar etwas schiefgeht, könnte man sagen: „Alles in Butter!" Oder besser noch: „Alles in Gott! – Es kann mir nichts passieren. Gott schützt mich auch auf problematischen

Lebenswegen. Er mutet mir nicht mehr zu, als ich unter diesen Bedingungen verkraften kann. Vor den stärksten, zerstörerischen Erschütterungen bewahrt er mich schlussendlich – so wie die Butter das Geschirr."

....

19
Molekül für Molekül

Was ist der Mensch, dass du sein gedenkst, und des
Menschen Sohn, dass du dich um ihn kümmerst?
Denn du hast ihn wenig geringer gemacht als Engel,
mit Herrlichkeit und Pracht krönst du ihn.

Psalm 8,5

Wie jedem aus dem Biologieunterricht bekannt sein
dürfte, bestehen alle lebenden Wesen aus orga-
nischen Molekülen. Die Moleküle setzen sich aus verschiedenen Atomen zusammen, die man ursprünglich
für die kleinsten Einheiten der Materie hielt. Mit der Entdeckung des Elektrons (1897) begann die Geschichte der

Aufspaltung und weiteren Untersuchung des Atoms. Wenig später entdeckte man den Atomkern (1911), dann seine beiden Bestandteile, die Protonen und Neutronen. Diese Teilchen setzen sich wiederum aus den noch kleineren Quarks zusammen. Bis in die 50er-Jahre hinein wurden insgesamt mehr als 100 verschiedene subatomare Teilchen entdeckt. Schließlich hatten sogar Spezialisten wie der Physik-Nobelpreisträger Enrico Fermi seine Schwierigkeiten mit der immer weiter anwachsenden Zahl superkleiner Bestandteile der Atome: „Wenn ich mir die Namen all dieser Teilchen merken könnte, wäre ich Botaniker", sagte er einmal.

Das wirklich Erstaunliche aber kommt erst noch: Zwischen Atomkern und Elektronen sowie allen anderen subatomaren Teilchen ist nichts, die absolute Leere, das Vakuum. Der größte Teil eines Atoms – mehr als 99,99 Prozent – besteht aus ... nichts. Auf die Größe eines internationalen Sportstadions übertragen, hätte der Atomkern in der Mitte des Spielfelds die Größe einer Erbse. Die Elektronen wären wie Stecknadelköpfe und befänden sich ganz oben auf der Tribüne. Dazwischen befände sich nicht Luft (denn die besteht ja wieder aus Atomen), nein, dazwischen befände sich absolut nichts. Kaum vorstellbar, aber wahr: Wer sich selbst oder einen anderen Menschen anschaut, hat zumeist den Eindruck, dass da wirklich etwas vor ihm steht. Tatsächlich aber sieht er auf 99,99 Prozent nichts. – Schon seltsam, diese Welt.

Irgendwie erinnert das an Aussagen in der Bibel, die dem Menschen seine Begrenztheit vor Augen führen wollen: „Der Mensch – wie Gras sind seine Tage, wie

....

die Blume des Feldes, so blüht er. Denn fährt ein Wind darüber, so ist sie nicht mehr, und ihr Ort kennt sie nicht mehr" (Psalm 103,15 f.). Wahrscheinlich ist es bei allem Drehen um sich selbst und dem Denken an die eigene Bedeutsamkeit wichtig, manchmal den Kopf gewaschen zu bekommen, um wieder klar zu sehen – in Bezug auf sich selbst, auf andere Menschen, auf die Weltgeschichte, die Weiten des Weltraums und auch in Bezug auf Gott. Um realistisch leben zu können, sollte man zwar nicht depressiv werden, doch aber die eigene Begrenztheit und Vorläufigkeit im Auge behalten: „Du bist nichts, Gott aber ist alles."

20
Bananen

Und Gott sprach: Die Erde lasse Gras hervorsprossen,
Kraut, das Samen hervorbringt, Fruchtbäume,
die auf der Erde Früchte tragen nach ihrer Art,
in denen ihr Same ist! Und es geschah so.

1. Mose 1,11

Bananen sind ein Geschenk der Außerirdischen – das meint zumindest der Schweizer Erfolgsautor Erich von Däniken (*1935). Er begründet seine Spekulation mit dem hohen Nährstoffgehalt der gelben Frucht. Wirklich außerirdisch aber wirken Bananen nicht. Rein ökonomisch gesehen sind sie ein Renner. Mehrere Millionen

Menschen leben vom Bananenanbau, rund 11 Milliarden Euro werden mit ihrem Handel jedes Jahr umgesetzt – immer mehr mit Pflanzung und Verkauf von Bio- und Fair-Trade-Bananen.

Den meisten Menschen schmecken Bananen offensichtlich – und das nach Schätzungen von Forschern schon seit rund 10.000 Jahren. Damals sollen die Wild-Bananen auf der Malaiischen Halbinsel domestiziert worden sein. Seitdem können sich die Bananen nicht mehr ohne menschliche Hilfe fortpflanzen – kaum zu glauben. Vor Tausenden von Jahren wurden die Bananen von Fledermäusen bestäubt. Heute wird ein Wurzelschössling von der alten Pflanze abgeschnitten und neu eingepflanzt. In diesem Sinne sind heute alle Bananenpflanzen miteinander verwandt.

Übrigens werden Bananen nicht nur in tropischen Ländern gezogen. Europas größter Bananenproduzent ist überraschenderweise Island, also ein Land nahe am Polarkreis. Natürlich baut man dort keine Eisbananen an. Das Geheimnis klärt sich, wenn man weiß, dass die dortigen Gewächshäuser durch die zahlreichen heißen Quellen in Island geheizt werden – unter solchen Bedingungen wachsen sogar tropische Bananen, auch wenn es ringsherum schneit. Weil man dafür kein Erdöl verheizt, ist das ökologisch sogar stimmig.

Irgendwie ist es doch erstaunlich, was Menschen aus der Schöpfung Gottes machen können, wenn sie sie sinnvoll und intelligent nutzen. Gott hat eben nicht nur alles fest vorgegeben, sondern lässt uns Menschen eine große kreative Freiheit.

....

21
Wieso Amerika
Amerika heißt

Wer überwindet, der wird so mit weißen
Kleidern bekleidet werden, und ich werde
seinen Namen aus dem Buch des Lebens nicht
auslöschen und seinen Namen bekennen vor
meinem Vater und vor seinen Engeln.

Offenbarung 3,5

Wer wissen will, wie er oder sie zu seinem Vornamen gekommen ist, fragt in der Regel bei den eigenen Eltern nach. Manchmal steckt eine wirklich interessante Geschichte dahinter, manchmal ist es schierer

....

Zufall („Damals hieß ein beliebter Schauspieler so.") oder schlicht und einfach Familientradition („Schon dein Großonkel mütterlicherseits trug diesen Namen.").

Kontinente können nicht fragen, wieso sie heißen, wie sie heißen. – Wen auch? Wer dann als neugieriger Mensch nachfragt, woher denn zum Beispiel der Name „Amerika" kommt, erhält von besonders Klugen die Antwort: „Amerika heißt Amerika wegen Amerigo Vespucci (1451–1512), dem berühmten florentinischen Kaufmann und Seefahrer, der um 1500 die Ostküste Amerikas entdeckte."

Doch das stimmt nicht ganz. Die Vermutung, Amerika sei nach Amerigo Vespucci benannt worden, findet sich zum ersten Mal im Kommentar zu Martin Waldseemüllers Weltkarte von 1507. Völlig sicher war sich der betreffende Kartograph allerdings auch nicht. Wahrscheinlich hatte er die Bezeichnung einfach von einer anderen Karte übernommen, ohne zu wissen, warum der neu entdeckte Kontinent so hieß. Und da Vespucci damals in aller Munde war, zog Waldseemüller ihn kurzerhand als Namensgeber heran. Doch schon auf einer Karte von John Cabot aus dem Jahr 1497 wird Amerika Amerika genannt.

Und das kam so: Cabot kam 1484 von Genua nach London und erhielt von Heinrich VII., dem König von England, den Auftrag, neue Länder im Westen zu suchen. 1497 schließlich erreichte Cabot Labrador und war damit der erste Europäer, der amerikanisches Festland betrat. (Kolumbus begnügte sich bis dahin noch mit den Karibischen Inseln.) Das neue Land wurde auf Cabots Karten kurzerhand nach dem Haupt-Financier der Reise,

....

Richard Ameryk, benannt. Nachdem Cabot ein Jahr später zurückgekommen war, heißt es im Stadtregister von Bristol: „Am Tag Johannes des Täufers (dem 24. Juni) wurde von den Bristoler Kaufleuten mit einem Bristoler Schiff namens Matthäus das Land America gefunden." Hier taucht die Bezeichnung „Amerika" zum ersten Mal auf.

Es lohnt sich also kaum, traurig zu sein, weil kein Kontinent nach einem benannt wurde. Wie man am Beispiel von Amerika sieht, kann selbst ein einst prominenter Namensgeber in Vergessenheit geraten. Viel wichtiger, als auf jeder Landkarte zu stehen, ist es, bei Gott bekannt zu sein. Zum einen wird es Gott auch dann noch geben, wenn Länder und Kontinente einmal umbenannt werden sollten. Zum anderen wird es im Leben nach diesem Leben nicht mehr so wichtig sein, wie korrekt man die irdische Geografie beherrscht, sondern weit mehr, dass Gott einen Menschen nicht vergessen hat.

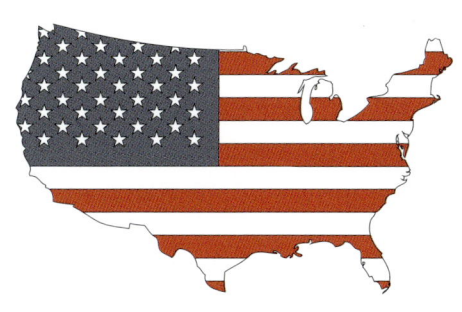

....

22
Mut muss man haben!

Habe ich dir nicht geboten: Sei stark und mutig?
Erschrick nicht und fürchte dich nicht! Denn mit
dir ist der HERR, dein Gott, wo immer du gehst.

Josua 1,9

Jean Francois Gravelet (1824–1897) hatte Mut zweifellos im Überfluss. Der in Hesdin in Nordfrankreich
geborene Artist machte seine ersten Experimente im
Seiltanz als Fünfjähriger. In dankbarer Erinnerung an seinen Lehrer nannte er sich später Blondin. Noch heute
gilt er als der größte Seiltänzer aller Zeiten. Schwerkraft
und Gleichgewichtsprobleme schienen für ihn nicht

....

zu existieren. In luftiger Höhe führte er auf einem Seil Kunststücke vor, die andere Menschen nicht einmal auf sicherem Boden fertigbringen.

Seinen ersten aufsehenerregenden Auftritt hatte Blondin im Jahr 1859. Vor Tausenden mitfiebernder Zuschauer überquerte der Artist auf einem 335 Meter langen Seil die Niagara-Wasserfälle in einer Höhe von 50 Metern. Mitten auf dem Weg vom amerikanischen zum kanadischen Ufer legte er sich aufs Seil, außerdem machte er einen Rückwärtssalto und den Rest des Weges legte er im Sprint zurück. Dann stellte er zwei Beine eines Stuhls auf das in der Luft schwankende Seil und ließ sich auf dem Sitzmöbel nieder. Als er sich dann sogar auf den Stuhl stellte, wurden einige der zuschauenden Frauen ohnmächtig vor Anspannung. Einige Wochen später überquerte er die Niagarafälle erneut – mit verbundenen Augen und einem Sack über dem Kopf.

Immer neue Attraktionen wurden in den kommenden Jahren von Blondin auf seinem Seil über den Niagarafällen vorgeführt. Einmal überquerte er das Seil mitten in der Nacht zu einer fantastischen Feuerwerksbeleuchtung, dann „ging" er im Handstand über das Seil. Ein andermal trug er seinen Manager Harry Colcord von Marschmusik begleitet über den Wasserfall. Fast stürzten beide dabei ab, nachdem Neider des großen Akrobaten ein seitliches Halteseil gelöst hatten. Bei einer weiteren Aufführung transportierte Blondin einen Ofen auf einer Schubkarre über das Seil in die Mitte der Wasserfälle. In 50 Metern Höhe buk er darauf einen Pfannkuchen, den er anschließend an Zuschauer verschenkte. Vor dem späteren englischen König Edward VII. lief Blondin 1860 auf Stelzen

....

über das Seil an den Niagarafällen. Später fuhr er mit dem Fahrrad darüber oder machte während der Überquerung einen Kopfstand über dem Abgrund. In England tanzte er Trommel schlagend und Geige spielend über den Köpfen der Menschen und kurz darauf schob er in Liverpool einen lebendigen Löwen auf einer Schubkarre in luftiger Höhe über das Seil.

Bis ins Alter von 72 Jahren trat Blondin mit seinen Kunststücken auf dem Seil auf. Zu seiner Zeit kannte ihn jedes Kind. Er wurde von Königen empfangen. Clevere Geschäftsleute verkauften Mäntel, Hüte, Zigarren, Schals und Parfüms mit seinem Namen. Sogar Pfarrer in der Kirche nannten Blondin als Beispiel für Mut und Vertrauen in ihren Predigten: Wer behaupte, Blondin zu vertrauen, würde sich auch von ihm auf einer Schubkarre über die Niagarafälle schieben lassen. Wer sich weigere, das zu tun, der vertraue dem Artisten wohl doch nicht so ganz. So ähnlich sei es mit dem Glauben an Gott. Wer behaupte, Gott alles zuzutrauen, in seinem Alltag und bei seinen Problemen, aber nicht mit Gottes Eingreifen und seiner Hilfe rechne, vertraue Gott eben doch nicht wirklich.

23
„Wie viele Muscheln macht das, bitte?"

Sammelt euch Schätze im Himmel,
wo weder Motte noch Fraß zerstören
und wo Diebe nicht durchgraben noch stehlen!

Matthäus 6,20

Wie würde da wohl die Kassiererin beim ALDI schauen, wenn jemand seinen Einkauf mit einer Hand voll Muscheln bezahlen wollte?

Ganz so absurd, wie es klingt, ist das eigentlich aber nicht. Bis vor hundert Jahren konnte man in einigen afrikanischen Ländern tatsächlich mit Kaurischnecken bezahlen. In China und Tibet wurde 900 Jahre lang Teegeld benutzt (in Ziegelform gepresste Teeblätter). Im 17. Jahrhundert waren in der englischen Kolonie Virginia Tabakblätter ein offiziell anerkanntes Zahlungsmittel. In Neuguinea wurde früher mit Hundezähnen bezahlt und auf den indonesischen Alor-Inseln mit Trommeln. Besonders unhandlich waren die Kalksteinscheiben, die man auf den Yap-Inseln im Pazifik als Zahlungsmittel benutzte. Die größten dieser „Geldmünzen" hatten immerhin einen Durchmesser von bis zu drei Metern.

Eines macht dieser kurze Abstecher in die Kulturgeschichte sicher deutlich: Die meisten Dinge haben keinen objektiven, allgemein erkennbaren Wert. Sie haben genau den Wert, den die Menschen, die ihn gebrauchen, ihnen zuschreiben. So ist den meisten Menschen heute ein 100-Euro-Schein wahrscheinlich willkommener als ein paar Hundezähne oder Kaurischnecken, obwohl das bedruckte Papier objektiv gesehen nur einen geringen Wert hat und zu kaum etwas benutzt werden kann, außer eben zum Bezahlen. Wem das einmal wirklich bewusst wird, der beginnt, alle Dinge seines Lebens mit anderen Augen zu sehen. Immer wieder steht man dann vor der Frage, ob das, was alle für besonders wertvoll oder erstrebenswert halten, tatsächlich so fantastisch ist. Vielleicht ist eine bestimmte Sache eigentlich wertlos, nur wagt es keiner zu sagen, weil sich doch alle anderen so einig über deren Bedeutung zu sein scheinen. Wenn aber aus Gottes Sicht bestimmte Dinge oder Verhaltensweisen besonders wertvoll sind, sind sie das auch wirklich, obwohl noch nicht alle Menschen ihren eigentlichen Wert akzeptieren.

....

24
Veränderung per Gesetz?

Lass mich am Morgen deine Gnade hören, denn ich vertraue auf dich! Tu mir kund den Weg, den ich gehen soll, denn zu dir erhebe ich meine Seele!

Psalm 143,8

Morde, Unfälle und Ehebrüche haben eines gemeinsam: Sie werden häufig von exzessivem Alkoholkonsum begleitet.

Schnaps, Wein und Bier können ziemlich schlimme Dinge anrichten: Menschen beleidigen einander schwer, sind unaufmerksam im Straßenverkehr, unterschreiben unbedacht Verträge oder setzen ihrem Leben ein

Ende usw. Immerhin sind Schätzungen zufolge allein in Deutschland 10 Prozent der Bevölkerung alkoholabhängig. Da wundert es kaum, dass manche Staaten der Vergangenheit in Bezug auf Alkohol zu drastischen Mitteln gegriffen haben.

Bereits Mitte des 19. Jahrhunderts kämpfte man im Rahmen der Erweckungsbewegung gegen den Alkoholismus. Amerikanische Frauen, die unter den Auswirkungen der Trunksucht ihrer Männer zu leiden hatten, gründeten den „Christlichen Frauenbund für Abstinenz". Schon 1851 wurde in Maine das absolute Alkoholverbot, die Prohibition, durchgesetzt. Andere amerikanische Bundesstaaten folgten dem Beispiel. Mit dem 18. Zusatzartikel zur Verfassung der Vereinigten Staaten wurden in den USA von 1919 bis 1933 die Herstellung, der Transport und der Verkauf von Alkohol verboten.

Auf der einen Seite führte das zu einem deutlichen Rückgang der Zahl von Alkoholtoten, auf der anderen Seite entwickelte sich die Alkoholkriminalität dramatisch. Organisierte Banden unter Mafiagrößen wie Johnny Torrio und Al Capone löschten den Durst der Trinker und verdienten prächtig an diesem Geschäft. Wer unbedingt wollte, konnte sich nach wie vor mit Alkohol versorgen. Schließlich hob Präsident Franklin D. Roosevelt die Prohibition 1933 offiziell wieder auf. Viele US-Bundesstaaten aber setzten den Kampf gegen den Alkohol weiter fort. Zuletzt schaffte 1966 Mississippi die Prohibition ab. In den „trockenen Landkreisen" *(Dry Countys)* der USA wird der Alkoholausschank bis heute stark eingeschränkt, um die Menschen vor den negativen Folgen des zu hohen Alkoholkonsums zu bewahren. Wer sich

....

wirklich betrinken will, braucht meist aber nur ein paar Kilometer weiter in einen anderen Landkreis zu fahren.

Irgendwie klingt es doch ganz vernünftig, wenn der Staat problematisches Verhalten seiner Bürger reguliert. Und tatsächlich war die Prohibition gut gedacht und teilweise erfolgreich. Eine wirkliche Veränderung allerdings muss im Kopf anfangen. Nur wer wirklich will, dem können staatliche Maßnahmen helfen, auf selbstzerstörerisches Verhalten zu verzichten. Und das Wollen wird durch die Maßstäbe bestimmt, nach denen ein Mensch lebt. Die kommen entweder aus der eigenen Lust, aus der Familientradition, aus der Gesellschaft oder aber von Gott.

25
Biss der Vampir kommt

Wer im Schutz des Höchsten wohnt,
bleibt im Schatten des Allmächtigen. Ich sage
zum HERRN: Meine Zuflucht und meine Burg,
mein Gott, ich vertraue auf ihn!

Psalm 91,1-2

Die blutsaugenden Untoten erfreuen sich zurzeit großer Beliebtheit. Spielfilme, Serien und Romane verlegen alles, was im normalen Leben passiert, in die Vampir-Szene: Liebe, Eifersucht, Neid, Freundschaft, Karriere, Kriminalität, Tod usw. Natürlich bieten hier die spitzzahnigen Akteure einen zusätzlichen Nervenkitzel.

Immerhin könnten sich abgewiesene Liebhaber nicht nur beschweren, sondern den anderen womöglich des Nachts heimlich aussaugen, sodass der selbst zum Opfer wird.

Mancher fühlt sich von den Vampir-Geschichten verzaubert, weil sie so geheimnisvoll sind, so gruselig und seltsam. Andere werden von dem Magisch-Okkulten angezogen, von der Vorstellung, mit übernatürlichen Geistern und Kräften zu tun zu haben. Einige fasziniert der ganze Kult ums Blut und die Chance, andere damit zu schockieren. Richtige Fans („moderne Vampire") studieren „Vampirismus" - Natürlich nicht an der Uni. Sie wissen, dass die ganze Vampir-Sippe vermutlich aus Transsilvanien stammt und auf Urgroßvater Dracula zurückgeht. Konkurrenz machen ihm höchstens der rumänische Adlige Vlad, „Der Pfähler", der die unangenehme Gewohnheit hatte, seine Gegner auf gespitzte Pfähle aufspießen zu lassen, und die nicht weniger skrupellose ungarische „Blutgräfin" Erzsébet Báthory, die im Blut von rund 600 Angestellten badete, um ihren Alterungsprozess aufzuhalten. Dabei soll es durchaus auch unabhängig von Dracula vampirartige Wesen geben, da wäre zum Beispiel der Aswang auf den Philippinen oder der Chiang-Shih in China.

Einige Vampir-Fans nehmen die ganze Sache sogar so ernst, dass sie in schwarzer Kleidung, mit bleichem Gesicht und falschen, spitzen Zähnen im Mund herumlaufen. Nachts schlafen sie in einem Sarg und trinken Blut (natürlich kein menschliches – üblicherweise jedenfalls).

Bei genauerer Betrachtung ist das Vampirleben allerdings nicht sehr erstrebenswert. Ständig muss man vor der Sonne und dem Licht auf der Hut sein, man darf in keinen Spiegel schauen, die Ernährung ist einseitig und die Beschäftigung der meisten Vampir-Genossen offensichtlich auch. Wirklich echte Vampire wurden bisher übrigens noch nicht gesichtet, abgesehen von den südamerikanischen Vampir-Fledermäusen *(Desmodontinae)*, die ihre Opfer allerdings nicht töten.

Ein Problem ist natürlich auch die Beziehung zu Gott. Denn offensichtlich haben sich die Untoten für die falsche Seite entschieden. Christsein und Vampirismus schließen einander aus. Nicht umsonst haben die Blutsauger (zumindest im Märchen) Angst vor Kreuzen, Kirchen und allem anderen, was mit Gott zu tun hat. Da ist es wohl besser, man begibt sich gleich auf die sichere Seite, das heißt unter den Schutz Gottes. Hier haben Vampire keinen Zugriff, und man kann davon ausgehen, nach dem Leben auf dieser Erde bei Gott wieder aufzuwachen – und nicht halbtot in einem Sarg, dazu verdammt, ständig andere Leute zu beißen und zu quälen.

26
Dem falschen Idol gefolgt

Jesus aber begann zu ihnen zu sprechen:
Seht zu, dass euch niemand verführe!

Markus 13,5

Sie haben uns verführt zu ihren Zwecken, wir haben aber gerne mitgemacht", schreibt der Schriftsteller Erich Loest über seine Jugend im Nationalsozialismus.

Heute erscheint Hitler (1889–1945) vielen nur noch als seltsame Figur, geradezu als Karikatur eines Diktators. Im Vergleich zu manchen Spielfilm-Bösewichten wirkt er harmlos, aus einer längst vergangenen Zeit. Man versteht nicht mehr, wie sich Millionen von Menschen

....

von dieser Person faszinieren lassen, wie sie ihn geradezu als Erlöser feiern konnten. Dieses Unverständnis wird wahrscheinlich noch unwillentlich durch die Charakterisierungen von Journalisten und Historikern gefördert, die Hitler als „arm und armselig" (Guido Knopp), als einen „Niemand aus Wien" (Joseph P. Stern) oder als „eine Spottgeburt aus Dreck, aus unsäglicher Verklemmtheit, tiefstem Provinzialismus" (Hans-Ulrich Wehler) bezeichnen. Vielleicht verfälscht die begründete Abscheu über den deutschen Diktator den objektiven Blick und vielleicht verbauen gerade diese empörten Umschreibungen die Möglichkeit, auch längerfristig Lehren aus dem Nationalsozialismus zu ziehen. Auf wen das Bild von Hitler dermaßen absurd und lächerlich wirkt, der hält es für vollkommen ausgeschlossen, heute auf eine ähnliche Person hereinzufallen. Je weniger man sich in die scheinbar „dummen Vorfahren" hineinversetzen kann und versteht, warum sie Hitler zugejubelt haben, desto weniger ist man heute geschützt vor neuen Verführern und Ideologen, deren Inhalte natürlich anders lauten werden. Und das betrifft Intellektuelle und einfache Gemüter gleichermaßen.

Schon 1921 konnte Hitler die Massen, beispielsweise im Münchner Circus Krone, begeistern. Politiker, Wissenschaftler und Künstler sahen in ihm den starken Mann, der Deutschland aus einer Phase von Unsicherheit und Depression herausführen könnte. Irgendwie verstand Hitler es, die Sehnsucht der Menschen anzusprechen und alle ideologischen Ideale seiner Zeit miteinander zu verbinden: den Nationalismus und den Sozialismus, den Individualismus und den Kollektivismus, den Konservativismus und die Progressivität. Geschickt nutzte er die Möglichkeiten der modernen Massenmedien, deren Vertreter ihn größtenteils begeistert feierten. Hitler behauptete, die Welt vor einer globalen Bedrohung zu retten. Dieser „Kampf" diente dann zur akzeptierten Einschränkung von Meinungs- und Glaubensfreiheit. Die Menschen identifizierten sich mit Hitler, und das nicht nur in Deutschland. Wäre er 1938 einem Unfall oder einem Anschlag zum Opfer gefallen, würde er von vielen Deutschen wahrscheinlich bis heute als einer der wichtigsten Staatsmänner des 20. Jahrhunderts angesehen. Bis in die Gegenwart hinein fasziniert Hitler auch junge Menschen, insbesondere aus der rechtsradikalen Szene. Als kollektives Tabu bestimmt er bis heute die Diskussionen um Armee, Euthanasie oder Gentechnologie.

Da sich die Menschen nicht grundsätzlich verändert haben, besteht jederzeit die erneute Gefahr, dass sich skrupellose Agitatoren inszenieren, versuchen, die Meinung der Massen zu manipulieren und Andersdenkende zu unterdrücken. Sehr wahrscheinlich werden diese zukünftigen Hitler-Verschnitte nicht mehr mit denselben zwischenzeitlich antiquierten Parolen kommen, sondern mit anderen Ideen die „Rettung der Welt" versprechen – oder die „Abschaffung bestehender Ordnung" oder eine „vollkommen neue Zeit" oder den notwendigen „Kampf gegen das Böse". Immer, wenn die öffentliche Meinung zu uniform wird, wenn bestimmte Überzeugungen verbannt oder lächerlich gemacht werden, wenn Werte nur noch von Massenmedien bestimmt sind, dann besteht die Gefahr von Totalitarismus und Meinungsdiktatur. Wenn dann noch der äußere Druck einer wirtschaftlichen oder politischen Krise dazukommt, sind wahrscheinlich auch heute viele Menschen bereit, einem neuen „starken Mann" oder einer „starken Frau" zuzujubeln und ihm oder ihr begeistert zur Macht zu verhelfen.

Wer selbst zu denken verlernt hat und keine zeitlosen Maßstäbe wie die der Bibel kennt, steht in erhöhter Gefahr, erneut einem falschen Messias auf den Leim zu gehen. Menschen sind leichter verführbar, wenn sie Gott verdrängen und sich oder ihr momentanes Empfinden für das Maß aller Dinge halten.

27
Der Fluch des Tutanchamun

Eines hat Gott geredet, zwei Dinge sind es,
die ich gehört, dass die Macht bei Gott ist
und dein, Herr, die Gnade;
denn du, du vergiltst jedem nach seinem Werk.

Psalm 62,12-13

Auf den „Fluch des Tutanchamun" kann ich verzichten. Schon an sich sind Flüche keine angenehme Sache, doch der Fluch dieses längst verstorbenen ägyptischen Herrschers soll es ganz besonders in sich haben. Nachdem Howard Carter 1922 unverhofft auf das Grab des geheimnisvollen Königs stieß, verbreitete zuerst der

Korrespondent des *Daily Express* die Geschichte vom „Fluch des Pharao". Demnach sollte im Grab des Tutanchamun eine Inschrift hängen, die unliebsame Eindringlinge warnte: „Wer dieses geheiligte Grab betritt, soll rasch von den Schwingen des Todes heimgesucht werden." Als Lord Carnarvon, der Finanzier der Ausgrabung, kurze Zeit später plötzlich starb, wurde das als Bestätigung für den „Fluch des Pharao" betrachtet. Insbesondere die damals bekannte Sensationsautorin Marie Corelli nahm sich des Themas an und spekulierte über eine Verschwörung aus dem alten Ägypten. Ärzte konnten bei Lord Carnarvon allerdings lediglich eine Sepsis feststellen, die er sich durch einen infizierten Mückenstich zugezogen hatte.

Auch Sir Arthur Conan Doyle, der Erfinder des Superdetektivs Sherlock Holmes, hielt den „Fluch des Pharao" durchaus für real. Schon vor den Grabungen Carters im Tal der Könige wurden literarische Bedrohungen aus der Welt des alten Ägypten entworfen. Die englische Schriftstellerin Jane Webb Loudon beispielsweise erfand in ihrem Roman *The Mummy* („Die Mumie") 1828 das Motiv der wieder zum Leben erwachenden Mumie, die sich an Grabschändern rächte. Seitdem wurde die Mumienstory jedes Jahrzehnt neu zum Leben erweckt.

Die Mumie heißt dann auch ein von Karl Freund gedrehter Horrorfilm aus dem Jahr 1932. Darin erweckt der Archäologe Sir Joseph Whemple ungewollt die Mumie des ägyptischen Hohepriesters Im-Ho-Tep (gespielt von Boris Karloff) zum Leben. Der Archäologe wird daraufhin verrückt und die Mumie stiftet allerlei Unheil. Der amerikanische Horror-Abenteuerfilm mit demselben Titel *Die*

Mumie greift 1999 das Thema erneut auf. Wieder ist es die Leiche des Hohepriesters Im-Ho-Tep, die durch das Rezitieren magischer Formeln versehentlich wieder zum Leben erweckt wird. Die Mumie saugt den Teilnehmern der Grabungsexpedition das Leben aus, bringt einige der zehn biblischen Plagen über das Land und versucht, die schöne amerikanische Wissenschaftlerin Evelyn zu kidnappen. Letztendlich wird der größenwahnsinnige Im-Ho-Tep natürlich auch hier wieder in die Welt der Toten zurückgeschickt.

In geheimnisvollen Büchern über paranormale Phänomene und globale Verschwörungstheorien ist bis heute zu lesen, dass der „Fluch des Pharao" 26 Menschen das Leben gekostet habe. Noch während einer Ausstellung der Funde aus Tutanchamus Grab in den USA (1970) berichtete einer der wachhabenden Polizisten, er habe durch den „Fluch der Mumie" einen Schlaganfall erlitten.

Die Wirklichkeit sieht auch hier wieder ganz anders aus als der Mythos. Obwohl die Geschichte vom „Fluch des Pharao" später sogar von der *Daily Mail* und der *New York Times* aufgegriffen wurde, ist bis heute ein solcher Fluch-Text in keinem einzigen ägyptischen Pharaonengrab gefunden worden. Ähnlich lautet höchstens der Text auf einem dem Gott Anubis geweihten Schrein: „Ich bin es, der den Sand daran hindert, die geheime Kammer zu verschütten. Ich bin zum Schutz der Verstorbenen da." Das klingt zwar auch etwas unheimlich, aber von einem Archäologen-verfolgenden-Geist oder Fluch ist hier nicht die Rede.

Nach den im *British Medical Journal* im Jahr 2002 publizierten Untersuchungen sind von den 26 „Opfern"

....

des Pharaonenfluchs nur sechs in den ersten zehn Jahren nach Öffnung des Grabes gestorben. Obwohl sich „Tutanchamuns Fluch" doch zuerst gegen den Hauptverantwortlichen, Howard Carter, hätte wenden müssen, lebte der noch weitere 17 Jahre und starb relativ unspektakulär an einem Hodgkin-Lymphom. Bei einer erneuten gründlichen Untersuchung der Mumie Tutanchamus wurden keine geheimnisvollen Krankheitserreger gefunden, auch starben die daran beteiligten Wissenschaftler nicht unverhofft. Stattdessen fand man heraus, dass der 19-jährige Pharao nur 1,70 Meter groß und sehr dünn war. Er starb vermutlich an den Folgen eines Unfalls.

Die Relevanz des Fluches ist offensichtlich von demjenigen abhängig, der ihn ausspricht, und davon, inwieweit dieser die Möglichkeit und den Willen hat, seine Ankündigungen wahr zu machen. Ein längst verstorbener Pharao hat offensichtlich in der Gegenwart keinerlei Macht mehr, außer über diejenigen, die sich in ihre magischen Ideen versteigen. Ein Chef, der einen Mitarbeiter verflucht, weil er auf ihn sauer ist, hat schon mehr Möglichkeiten, diesem das Leben schwerzumachen. Übernatürliche Wesen, die einem Böses wollen, sind da wohl noch gefährlicher – weshalb man sich tunlichst nicht mit echten okkulten Mächten einlassen sollte. Gott ist zwar noch weit mächtiger, verflucht aber nicht willkürlich. Trotzdem zieht er manche Menschen schon während ihres Erdenlebens zur Rechenschaft, wenn sie sich immer wieder gegen ihn wenden, ihn herausfordern oder fortwährend andere Personen schädigen.

28
Über den Wolken …

Denn ein großer Gott ist der HERR,
ein großer König über alle Götter.

Psalm 95,3

Nur Fliegen ist schöner." – Dieser Satz drückt etwas von der Begeisterung aus, die viele Menschen mit dem Fliegen verbinden. Über Jahrtausende hinweg war Fliegen für die Menschen etwas vollkommen Utopisches, geradezu Undenkbares. Vögel konnten fliegen, Schmetterlinge auch und natürlich Engel, nicht aber Menschen. Sie konnten höchstens irgendwo herunterfallen – fliegen konnte man so etwas allerdings nicht

....

nennen. Nichtsdestotrotz träumten die Menschen vom Fliegen. Sie beneideten die Vögel und stellten sich vor, hoch und friedlich über das Land zu gleiten, alles von oben aus majestätischer Höhe beobachten zu können.

Die ersten Menschen, die sich mit einem Heißluftballon in den Himmel wagten, waren die Brüder Montgolfier. Sie starteten 1783 in ihrem Heimatort Annonay, nahe bei Lyon, zu ihrem ersten öffentlichen Flug. Schon annähernd 90 Jahre zuvor, im August 1709, hatte ein jesuitischer Priester, Bartholomeo Laurenco de Gusmao, einen Miniaturheißluftballon in die Luft steigen lassen. Aus Weidenruten und Papier hatte er einen Ballon konstruiert. Darunter war mit Seilen eine Gondel mit einer Feuerstelle befestigt. Die Flammen erwärmten die Luft, der Ballon richtete sich auf und erhob sich in einem großen Saal des königlichen Schlosses von Lissabon. Die Beobachter waren begeistert. Allerdings blieb der Ballon ziemlich bald an einem Mauervorsprung hängen und fing Feuer. Wie gut, dass dieser Ballon noch unbemannt war! Manchen Quellen zufolge soll der Priester zwar einige Zeit später in einem größeren Ballon selbst geflogen sein, doch diese Quellen sind sehr zweifelhaft. So gelten also die Brüder Montgolfier als die wahren Pioniere der bemannten Luftfahrt.

Nach ihnen beschleunigte sich die Entwicklung erheblich. Bereits im Dezember 1783 erreichte ein waghalsiger Ballonfahrer über Paris die enorme Höhe von 3.500 Metern. Noch wusste man allerdings nicht, was den Ballon emporhob. Lange Zeit meinte man, das Feuer erzeuge ein Gas, das leichter sei als Luft.

Die längere Unterbrechung der Luftfahrtexperimente nach Bartholomeo Laurenco de Gusmaos Erstflug hatte unter anderem mit dem Einspruch der katholischen Inquisition zu tun. Einige einflussreiche Vertreter der katholischen Kirche monierten, solche Fliegereien seien ungeistlich. Das Fliegen sei – von den Vögeln einmal abgesehen – ein Privileg der Engel und der Heiligen. Durch dieserlei Kunststücke würde die Exklusivität der Himmelfahrt Jesu infrage gestellt usw.

Obwohl gerade Priester und Pfarrer viel zur Entwicklung der modernen Wissenschaften beitrugen, gab es immer wieder auch Kirchenmänner, die befürchteten, Gottes Größe könnte durch neue Erfindungen infrage gestellt werden. Manchmal übersah man eben, dass das eine gar nichts mit dem anderen zu tun hat. Wenn Menschen durch die geschickte Anwendung der Naturgesetze fliegen können, kratzt das nicht an der Macht Gottes, der auf vollkommen anderem Weg Jesus oder Elia in den Himmel emporhob. Weil Ärzte Menschen durch die richtige medizinische Behandlung heilen können, macht das ja auch keine der übernatürlichen Heilungen Gottes kleiner, der schon allein durch ein paar Worte Krankheiten beendet und körperliche Mängel beseitigt hat. Auch heute noch zeigt Gott immer wieder seine Größe, indem er Wunder tut – aber eben nicht durch die bloße Anwendung von Naturgesetzen, die allezeit jedem Menschen zur Verfügung stehen, der sie anzuwenden versteht.

29
Verfolgt
aufgrund des Glaubens

Und ihr werdet von allen gehasst werden
um meines Namens willen; wer aber ausharrt
bis ans Ende, der wird gerettet werden.

Markus 13,13

Christen leiden. Wenn die offiziellen Daten stimmen, leben 400 Millionen Christen in Ländern, in denen sie diskriminiert werden, rund 100 Millionen erdulden unterschiedlich intensive Verfolgung – vom Abbrennen ihres Hauses bis zum Verlust des Arbeitsplatzes aus

....

Glaubensgründen. 100.000 Menschen sterben jedes Jahr, weil sie sich zu Jesus Christus bekennen.

Stark eingeschränkte Glaubensfreiheit und direkte Verfolgung gab es für Christen in ihrer gesamten Geschichte. In den ersten drei Jahrhunderten verfolgte der römische Staat die Gläubigen. Im Frühmittelalter starben manche Christen wegen mangelnder Toleranz von germanischen Völkern. Dann wurden sie von den frühen Muslimen deklassiert und bedrängt. Im Hochmittelalter ging die katholische Kirche gegen fromme Abweichler vor. In der Reformationszeit bekämpfte sie massiv evangelische Christen aus Frankreich, Österreich und Spanien. In der Neuzeit wurden Christen immer wieder von Materialisten, Nationalisten und Sozialisten verfolgt.

Wer in die Bibel schaut, wird betroffen feststellen, dass fromme Menschen schon immer angegriffen und verfolgt wurden. Im Alten Testament wurden viele der Propheten Gottes von Menschen aus ihrem eigenen Umfeld provoziert und gequält. Im Neuen Testament wurde Jesus zu Unrecht verfolgt und getötet. Ähnlich ging man gegen die ersten Christen vor, wie die Apostelgeschichte dokumentiert.

Schon zu seiner Wirkungszeit hier auf der Erde machte Jesus Christus seine Nachfolger darauf aufmerksam, dass auch sie einmal verleumdet, verspottet und verfolgt werden würden (vgl. Matthäus 10,16-38). Manche Christenverfolger meinten, durch ihre Angriffe sogar etwas Gutes zu tun (Johannes 16,1). Einige Jünger betrachteten es als Ehre, unschuldig für Jesus zu leiden, ohne provoziert oder Unrecht getan zu haben (Apostelgeschichte 5,41). Paulus argumentierte, dass erst da, wo der Christ durch Verfolgung und Leid an seine Grenzen kommt, sein Umfeld das Eingreifen Gottes in besonderer Weise erkennen kann (2. Korinther 12,9 f.). Paulus forderte seinen Mitarbeiter Timotheus auf, sich nicht wegzuducken oder aus falscher Scham anderen gegenüber einfach den Mund zu halten, obwohl er vom Glauben an Jesus Christus überzeugt ist (2. Timotheus 1,8.12.16). Er ermutigte ihn, zu seiner religiösen Gesinnung zu stehen, auch wenn andere ihn deshalb unter Druck zu setzen versuchten.

Christen sollten das Evangelium nicht an den Zeitgeschmack anpassen, nur um nicht aufzufallen und nicht angegriffen zu werden (Galater 6,12). In allen Schwierigkeiten hat Jesus versprochen, dem Christen die richtigen Worte zu geben (Matthäus 10,19f) und ihm tatkräftig und tröstend zur Seite zu stehen (Römer 8,17.31-39).

30
Feier-Abend?

Seht nun genau zu, wie ihr wandelt, nicht als Un-
weise, sondern als Weise! Kauft die rechte Zeit aus!
Denn die Tage sind böse. Darum seid nicht töricht,
sondern versteht, was der Wille des Herrn ist!

Epheser 5,15-17

Die meisten Menschen leben auf das Wochenende
hin, denn da haben sie Zeit für Dinge, die sonst auf
der Strecke bleiben. Auch am Abend, nach getaner Arbeit, genießen viele es, endlich frei entscheiden und tun
zu können, was sie „wirklich" wollen. Wer ganz in seinem Beruf aufgeht, erlebt das schon den ganzen Tag. Für

....

denjenigen hätte die Freizeit wohl eher einen therapeutischen Wert; einmal etwas ganz anderes machen, sich bewegen, statt zu sitzen, intensiv nachdenken, statt körperlich tätig zu sein – zum Beispiel.

Freizeit kann und muss man wahrscheinlich immer aus zwei Perspektiven betrachten. Freizeit ist immer eine freie Zeit *von* etwas und *für* etwas. Einfach nur Freizeit bedeutet häufig Langeweile, Qual oder gar Strafe wie bei dem staatlichen Freiheitsentzug (Gefängnis) – man hat Freizeit, aber im Übermaß. „Freizeit" bedeutet in der Regel: frei sein von äußeren Verpflichtungen, von fremden Erwartungen, von Anspannung, von finanziellen Erwägungen. Freizeit bedeutet aber auch: frei sein für Entspannung, Abenteuer, Gemeinschaft, Arbeiten oder Nachdenken in berufsfremden Bereichen. Freizeit wird nur dann ersehnt, wenn sie irgendetwas beinhaltet, das positiv gewertet wird, das einen subjektiv bereichert. Freizeit kann auch zum Stress werden, wenn man die Zeit zu eng verplant, sich dem eigenen Erfolgsdruck unterwirft oder aber dem, was Freunde cool finden. Dann geht es auch in der Freizeit mehr darum, Erwartungen zu entsprechen, auf die Art und Weise lustig zu sein, die in meinem Umfeld gerade angesagt ist, oder das zu tun, was „man" eben so in der Freizeit tut – möglichst in der „richtigen" Kleidung und mit allen anderen „richtigen" Accessoires. Die eigentlich erstrebte Freizeit und Freiheit wird dann doch wieder zur gesellschaftlich und kulturell genormten Unfreiheit – manchmal auch ohne es zu merken. Man funktioniert eben, so wie im Beruf, nur in einem anderen Zusammenhang mit anderen Regeln, die aber genau so starr sein können.

....

Für den Christen ist Freizeit auch Freizeit mit Gott. Gott ist nicht nur relevant im Beruf und während der „religiösen Pflichten" in der Gemeinde, sondern auch in der Freizeit, die zwischenzeitlich für viele Menschen einen großen Teil ihrer Woche ausfüllt. Echte Freizeit und Freiheit kann tatsächlich besonders intensiv in der freien und ungenormten Begegnung mit Gott geschehen. Das schafft Ausgleich, gibt Ruhe und Orientierung.

31
Feindesliebe

Liebt eure Feinde; tut wohl denen, die euch hassen.

Lukas 6,27

Wir lieben unsere Feinde. Nicht, dass wir sie wirklich mögen, aber sie machen das Leben auf eine gewisse Art entschieden spannender. Feinde bieten immer einen interessanten Gesprächsstoff. Über die Dummheit oder Bosheit seiner Feinde kann man sich mit seinen Freunden viel besser unterhalten als über das eigene Leben. Am besten kann man über die Feinde sprechen, die man in Wirklichkeit nur oberflächlich kennt. Jeder direkte Kontakt könnte die eigenen

Vorurteile schmelzen lassen, und damit würden die Gespräche eindeutig langweiliger.

Feinde geben dem eigenen Freundeskreis eine stabile Gruppenidentität. Sich für irgendetwas Positives zu engagieren kostet zumeist viele Überlegungen und viel Schweiß. Feinde hingegen findet man wesentlich einfacher; entweder nimmt man die gesellschaftlich vorgegebenen Gegner oder man sucht welche, die nicht den eigenen Lebensstil pflegen. Letztlich kann so jeder zum Feind werden, ob derjenige es will oder nicht. Feinde sind wahlweise die Rechten oder die Linken, die Christen oder die Muslime, die Männer oder die Frauen, die Gebildeten oder die Dummen, die Reichen oder die mit weniger Besitz … Und Gründe, weshalb man diese Menschen ablehnt, finden sich immer, besonders bei denen, die nicht dem medialen Mainstream entsprechen. Schnell werden auch Menschen zu Feinden, die einem besonders nahestehen: Konkurrenten, Nachbarn, Familienangehörige, die einen irgendwie infrage stellen oder die die in sie gesetzten Erwartungen nicht erfüllen.

Feinde werten die eigene Bedeutsamkeit und den eigenen Status auf. Feinde tun dem eigenen Image und Selbstbewusstsein gut. Das ist geradezu ein Naturgesetz. Wer weiß, wie dumm und falsch ein anderer ist, muss selbst ja schon besser sein als der Feind. Schließlich erkennt er die Fehler und Schwächen eines anderen, die er selbst natürlich nicht hat. Und da wir alle fehlbare Menschen sind, kann man ohne Probleme bei jeder Menschengruppe zahlreiche echte oder vermeintliche Schwächen finden. Wer die Fehler eines anderen benennt und darüber lamentiert, kann sich selbst schon besser fühlen, ohne irgendetwas Positives getan zu haben.

Feinde werden allerdings meist nicht „Feinde" genannt. Es sind „die anderen", „die Gegner", „die Dummen", „Bösen", „Schlechten", „nicht Korrekten", „Langweiler", „die Gefährlichen" usw. Manche Feinde braucht es nicht einmal in Wirklichkeit zu geben, so wie die verborgenen und doch allgemein bekannten „Herrscher der Welt" oder die Außerirdischen. Bei diesen „Feinden" es noch einfacher, gefahrenlos alles in sie hineinzuinterpretieren, was einem gerade in den Sinn kommt, ohne Gefahr zu laufen, irgendwann eines Besseren belehrt zu werden.

Man muss natürlich seine Feinde pflegen, damit sie nicht unverhofft ihre feindlichen Qualitäten verlieren oder gar zu Freunden werden. Folgende Punkte sollten berücksichtigt werden, wenn man seine Feinde behalten will:

* In keinem Fall sollte man mit ihnen direkt Kontakt aufnehmen oder Äußerungen ernst nehmen, die von ihnen stammen.
* Wenn man ihre Aussagen hört, darf man nur das behalten, was den eigenen Vorurteilen entspricht, alles andere wird als „feindliche Propaganda" beiseitegelassen.
* Vorwürfe gegen die Feinde sollten nicht auf ihren Wahrheitsgehalt überprüft werden, sonst könnten sie sich als unbrauchbar herausstellen.
* Engeren Kontakt sollte man nur zu Menschen mit den gleichen Feinden halten. Das festigt die eigene Position ungemein, falls einem einmal Zweifel über die eigenen Feindschaften kommen sollten.

....

* Man sollte möglichst wenig über die eigenen Fehler oder Einseitigkeiten nachdenken. Zum einen würde das die eigene Identität infrage stellen (und so etwas tut immer weh), zum anderen könnte es nicht mehr ganz so einfach werden, die Feinde allein in ihrer „Bosheit" oder „Dummheit" genießend zu betrachten.

* Macht oder sagt der Feind etwas scheinbar Positives, muss man unbedingt nach der „wahren" Motivation dahinter suchen. Und weil der Feind halt Feind ist, muss alles, was er macht, feindlich sein, selbst ein Geschenk oder ein Lob.

Wenn Jesus in der Bibel davon spricht, dass wir unsere Feinde lieben sollen, meint er damit allerdings etwas vollkommen anderes als diese „Pflege" der privaten Feindschaften. Aus Gottes Sicht sollten Christen nicht nur ernsthaft für das Wohl des echten oder vermeintlichen Feindes beten, sondern jede Möglichkeit nutzen, ihm Gutes zu tun. Sie sollten ihm vergeben, ohne dass er sich erst erniedrigt oder so wird, wie man ihn gerne hätte. Christen sollten auch nach eigenen Fehlern suchen, sie bekennen und ausräumen. Und diese falschen Verhaltensweisen gibt es immer, zumeist auch dem mutmaßlichen „Feind" gegenüber. Die Bibel sagt: „Gott hat die Menschen geliebt, als sie noch seine Feinde waren!" (Römer 5,10) Und er hat seiner Liebe Taten folgen lassen. Alles andere sind nur menschliche Strategien, die ihrer eigenen, irdisch-begrenzten Logik folgen: „Was ist Besonderes daran, dass ihr die Menschen willkommen heißt, die euch auch mögen?" (Matthäus 5,46)

32
Wenn einer eine Reise tut …

Sagt in allem Dank! Denn dies ist der
Wille Gottes in Christus Jesus für euch. […]
Prüft aber alles, das Gute haltet fest!

1. Thessalonicher 5,18-21

Nie war es einfacher, in der Fremde und doch ganz
zu Hause zu sein. Heute kommt man relativ schnell
und preiswert rund um die Welt. Die Reiselust ist gegenwärtig wahrscheinlich so groß wie nie zuvor.

Und doch ist es erstaunlich, dass immer mehr Menschen verreisen, um am Ankunftsort genau das anzutref-
fen, was sie von zu Hause kennen. Natürlich will man

etwas mehr Sonne, eine grandiose Landschaft – sozusagen als Kulisse – oder etwas Exotik im Hintergrund. Im Grunde aber will man alles möglichst genau so haben wie daheim: die Betten, die Sanitäranlagen, das Essen, den Service usw. Schließlich bezahlt man auch dafür. Das wirklich Fremde führt zu Verärgerung oder Reklamationen beim Reiseveranstalter, auch wenn es eigentlich das Echte dieses Landes, dieser Kultur ist. Man will die ganze Welt europäisiert, nach der eigenen heimischen Szene gestylt.

Manchmal kann man sich nicht einmal mehr vorstellen, dass Menschen vernünftig sein und doch so anders denken oder leben können als in Europa: dass Frauen und Männer unterschiedlich behandelt werden, dass das Schnitzel anders gebraten wird, dass man sich in lange Gewänder hüllt oder andere Prioritäten im Leben setzt, nicht pünktlich ist und alles dokumentiert ... Schnell betrachtet man den Fremden als unterentwickelt, altmodisch oder ungebildet. Denn entwickelt, modern und gebildet sind ja wir, die europäischen Urlauber, so denkt man zumindest. Am liebsten schläft man im Hilton (sofern das Geld reicht) und isst bei Mc Donald's; da weiß man, was man hat, egal, wo auf der Welt.

Eigentlich schade, denn dabei verpasst man den wertvollsten Aspekt des Reisens: das Neue und Fremde zu erleben, sich wirklich herausfordern und infrage stellen zu lassen. Vielleicht würde man auf diese Art etwas entdecken, das zwar vollkommen fremd, aber *besser* ist als zu Hause. Vielleicht würde man auch seine eigene Einseitigkeit und Unausgewogenheit erkennen. Es wäre doch wirklich traurig, wenn die vielen weltweit gelebten Variationen zu einem globalen Einheitsbrei verrührt würden. Dann wäre es egal, wohin man reist, nur noch die Kulisse ändert sich ... und die Rechnung.

Ganz ähnlich wie beim Urlaub geht es häufig im Bereich des Wissens. Die neuen elektronischen Medien bieten eine nie gekannte Fülle und Breite von Informationen und Daten aller Art. Ohne dicke Schinken, Lexika und Fachwörterbücher kann heute jeder über fast alles Unmengen an Informationen finden. Und doch ziehen sich viele auch auf dem weiten Meer des Internets auf ihre kleine Insel zurück. In der elektronischen Welt fällt es noch viel leichter als im normalen Leben, alles auszublenden, was einem nicht gefällt oder nicht in die eigene Sicht der Dinge passt. Der Autonome baut sich seine kleine E-World und hält sie für das Ganze. Ebenso macht es der Linke oder der Traditionalist, der Manga-Fan und der Bildungsbürger. Man steht in der Gefahr, nur noch die Internetseiten zu besuchen, die die eigene Weltsicht widerspiegeln und die eigenen Vorurteile pflegen. Man schreibt sich immer nur mit Freunden und Gleichgesinnten oder trifft sich in dafür vorgesehenen Chatrooms. Da fühlt man sich zu Hause, versteht alles und wird nicht von der Fülle des Anderen, Fremden herausgefordert oder bedrängt. Auch hier suchen manche die große Weite und Vielfalt des Internets, um letztlich doch beim Bekannten und vermeintlich Sicheren zu bleiben. Alles wirklich Neue oder Fremde wird im Internet eben leichter weggeklickt als bei der Tageszeitung, dem Uni-Seminar oder dem Nachrichtenmagazin. So wird die Welt durch das globale Informationsnetz nicht wirklich größer, sondern eher kleiner. Jeder Verschwörungstheoretiker, Ideologe oder Mainstream-Denker gräbt sich mit seiner Denkposition ein und bleibt dabei, bis er stirbt. In der elektronischen Welt kann die große Weite der Information, der Vielfalt des Fremden eben noch weit besser reduziert und auf den eigenen Horizont eingeengt werden als im Urlaub des realen Lebens.

Im geistlichen Leben kann das ganz ähnlich laufen. Allem Neuen und Fremden steht man generell kritisch gegenüber. Man hört nur das, was man gerne hören will, und nimmt die Andersdenkenden nur durch die Brille seiner gut gepflegten Vorurteile wahr. So meint der Atheist, alle Christen seinen entweder dumm, unterentwickelt oder böse, weil die atheistischen Vorbilder das so behaupten. Der Esoteriker hört mit wechselnden Methoden immer nur in sich hinein und meint, da Gott und die ganze Welt zu finden. Der Antisemit findet ständig neue Gründe und Beispiele für die „jüdische Weltverschwörung", weil irgendwo immer ein „jüdisches" Symbol oder Wort vorkommt. Der Anti-Charismatiker wird sich immer nur die heftigen Exzesse charismatischer Extremisten anschauen, um zu wissen, dass alles Fremde in jedem Fall falsch sein muss.

All das entspricht aber nicht der von Gott gewollten Wahrhaftigkeit und es entspricht nicht dem Wesen Gottes. Gott ist erst einmal für jeden Menschen der absolut Fremde. Wer Gott vorschnell in eigene, irdisch-menschliche Denkkategorien einordnen will, verliert dabei gerade das Besondere des christlichen Glaubens. Der will eben keine menschliche Ideologie sein, sondern Leben in der Begegnung mit Gott, der andere Maßstäbe und Prinzipien vertritt, als Menschen sie normalerweise haben. Hier sollten Christen bereit sein, auch heimische

Lieblingsgedanken neu zu überdenken: „Ich bin wichtig und wertvoll!", „Alles, was Spaß macht, ist verboten!", „Gläubige sind immer reich und gesund!" usw.

33
Schiefe Töne

Ich preise dich darüber, dass ich auf eine
erstaunliche, ausgezeichnete Weise gemacht bin.
Wunderbar sind deine Werke,
und meine Seele erkennt es sehr wohl.

Psalm 139,14

....

Singen ist Glückssache, so könnte man wohl zumindest in Bezug auf die selbst ernannte Operndiva Florence Foster Jenkins (1868–1944) sagen. Mit acht Jahren wurde die Tochter eines reichen amerikanischen Geschäftsmannes in einem Klavierkonzert der Öffentlichkeit präsentiert. Seitdem begleitete sie der Wunsch und Traum, eine große Künstlerin zu werden. Nach dem Tod ihres Vaters spendete sie einen Teil ihres Vermögens dem *Verdi Club,* einem Stipendienverein für junge Bühnenkünstler. Ihren ersten Arienabend veranstaltete Florence Forster Jenkins 1912 im Ballsaal des New Yorker *Ritz-Carlton*-Hotels. Schon nach den ersten Tönen war klar, dass die „Sängerin" zwar von Krächzen und Schreien, von Kreischen und Presstönen, keinesfalls aber von klassischen Liedern und Arien eine Ahnung hatte. Immer wieder stürzte ihre Stimme ab, selten fand sie überhaupt den richtigen Ton. Von Takt und Rhythmus hatte sie eine sehr eigene Vorstellung. Das Publikum war erst verblüfft, dann begann es versteckt zu lachen und zu kichern.

Ein neuer „Musikstar" war geboren – oder sollte man besser sagen, ein Anti-Star?! Jedenfalls bot Florence Foster Jenkins einen hohen Unterhaltungswert. Jedes Jahr gab sie von nun an ein „Konzert" im *Ritz-Carlton,* das stets ausverkauft war. Gerne trat die füllige Dame in eng anliegenden kitschigen Kostümen auf, z. B. in dem eines Engels oder einer Prinzessin. Bei einem ihrer selbst komponierten Lieder warf sie theatralisch kleine rote Blumen aus einem Korb ins johlende Publikum. Noch mit über 65 Jahren sprang sie lächelnd und hüpfend wie ein Teenager als „Engel der Inspiration", als „holde junge Grazie" oder als „junges Waisenmädchen" über die Bühne. Diese

Rollen standen in schreiendem Kontrast zu ihrer realen ältlichen, fülligen Erscheinung. Weder von ihren eigenen Ohren noch von den wohlwollenden Empfehlungen guter Freunde ließ sie sich von dem Gedanken abbringen, eine große Sängerin zu sein. Auf eigene Kosten ließ sie schließlich eine Platte mit ihren Darbietungen aufnehmen, die als Beispiel skurriler Musikgeschichte im Jahr 1992 sogar noch einmal von *BMG Classics* als CD herausgebracht wurde. Höhepunkt und gleichzeitig Endstation ihrer Musikkarriere war ein ausverkauftes Konzert in der riesigen *Carnegie Hall* im Jahr 1944.

Sicher, schrille Selbstdarsteller gab es im Show-Business immer. Selten aber gab es Leute, die sich selbst dermaßen schlecht einschätzen konnten. Auch wenn das in dieser Dimension für den Normalsterblichen in weiter Ferne zu liegen scheint, so kommt es doch auch im normalen Leben immer wieder vor, dass Menschen sich so auf ihren Wunschtraum fixieren, dass sie den Bezug zur Realität verlieren. Sie investieren wahnsinnig viel Zeit, Geld, Aufwand und was weiß ich noch alles, um zum „großen" Sportler, Musiker, Schönling, Bodybuilder usw. zu werden. Trotzdem erreichen sie ihr Ziel nie. Manche sind dann frustriert oder enttäuscht, andere träumen die fehlende Realität einfach herbei. Dabei wäre es vielleicht besser, die von Gott geschenkten wahren, eigenen Talente zu entdecken und zu entwickeln, als endlos nach den Eigenschaften zu schielen, die man eben nicht hat. Glücklicher und zufriedener ist man allemal, wenn man bereitwillig akzeptiert, wie Gott einen gemacht und ausgestattet hat.

34
Dreck am Stecken

....

Wenn eure Sünden rot wie Karmesin sind, wie
Schnee sollen sie weiß werden. Wenn sie rot sind
wie Purpur, wie Wolle sollen sie werden.

Jesaja 1,18

Wer im sprichwörtlichen Sinne „Dreck am Stecken
hat", muss sich nicht gerade waschen, vielmehr
sollte er seine dunkle Vergangenheit aufräumen. In der Regel spricht man nicht von sich selbst, sondern von einem
anderen, der „Dreck am Stecken hat", weil er irgendetwas
Unschönes vor seinem Umfeld zu verbergen versucht. Obwohl die Angelegenheit nicht öffentlich bekannt ist, ahnt

man aufgrund von Gerüchten oder aufgrund des auffälligen Verhaltens oder Redens einer Person, dass sie irgendeine Untat hinter einer schönen Fassade verbergen will.

Vor Jahrhunderten, zu der Zeit, als die Redewendung „Dreck am Stecken haben" entstanden ist, konnte man noch nicht so sicher, bequem und sauber reisen wie heute. Wo gegenwärtig die Straßen in Mitteleuropa sauber und gepflegt sind, waren es im ausgehenden Mittelalter oft staubige und steinige Pfade, die sich bei Regen in regelrechte Schlammpisten verwandelten. Wer hier unterwegs war, kam fast unweigerlich mit Schmutz und Staub an Schuhen, Kleidern und Mantel an sein Ziel. Deshalb ist es vielerorts bis heute üblich, beim Betreten eines Hauses oder einer Wohnung die Schuhe abzuputzen, selbst wenn diese verhältnismäßig sauber sind. Gelegentlich wird man sogar aufgefordert, die Straßenschuhe auszuziehen und Hausschuhe anzulegen. In manchen Regionen konnte man seine Schuhe anbehalten, musste sie aber vor Betreten des Hauses reinigen, manchmal mit dem Ärmel des Mantels, meistens mit dem obligatorischen Wanderstock – dem Stecken. Nach dieser Prozedur waren Schuhe und der ausgeschüttelte Mantel verhältnismäßig sauber, der Stecken natürlich nicht. Trat nun jemand im Laufe des Tages mit der Behauptung auf, er sei die ganze Zeit zu Hause gewesen, verriet der „Dreck am Stecken", ob die Person log oder die Wahrheit sagte. Hielt ein Mensch daran fest, das Haus nicht verlassen zu haben, hatte aber „Dreck am Stecken", konnte man zu Recht vermuten, dass der Betreffende irgendein dunkles Geheimnis zu verbergen versuchte.

In späterer Zeit wurden Dreck und Schmutz zu Symbolen für Schuld, Betrug und Unmoral. Unschuldige

....

Menschen hingegen wurden als „sauber" und „rein" umschrieben.

Natürlich wollen auch heute noch die meisten Menschen gut, also moralisch gesehen „rein" und „sauber" vor ihrer Umgebung dastehen. Manchmal aber lässt ihr Verhalten oder Reden etwas von ihrer „schmutzigen" Vergangenheit oder ihrem „unsauberen" Charakter erahnen – man vermutet, dass sie „Dreck am Stecken" haben. Diese Menschen haben sich gut „gereinigt" und meinen, niemand könne mehr erkennen, was sie ehemals gemacht haben. Doch winzige Details haben sie vergessen, so wie den „Dreck am Stecken", der von aufmerksamen Beobachtern trotz aller Bemühungen wahrgenommen wird. Wer „Dreck am Stecken" hat, ist nicht echt, er spielt etwas vor, um die Menschen seiner Umgebung zu täuschen, um ein Bild von sich abzugeben, das nicht der Realität entspricht.

Auch wenn sicher nicht jeder ein verkappter Verbrecher ist, so haben doch die meisten ihre „dunklen", „schmutzigen" Geheimnisse, die sie sicher hüten, verbergen oder am liebsten ungeschehen machen würden. Gelegentlich aber kommen diese „Geheimnisse" doch heraus und stellen den Betreffenden bloß, zeigen einen Teil seines Lebens, den er lieber geheim gehalten hätte. Jeder, der „Dreck am Stecken hat", sollte nun nicht endlos versuchen, sein Handeln zu verstecken, sondern sich vielmehr bemühen, den angerichteten Schaden wieder gutzumachen, oder um Entschuldigung bitten. Wer diesen Weg wählt, kann kaum noch durch unverhofft auftauchende Informationen aus der Vergangenheit beschämt oder bloßgestellt werden. Sich verstellen und anderen eine „heile Welt" vorspielen hilft tatsächlich häufig – meist aber nur kurzzeitig.

....

Allemal weiß Gott um den „Dreck am Stecken" jedes Menschen – und auf ihn kommt es letztendlich doch an. Wer nun „Dreck am Stecken hat", sollte zuallererst seine Fehler vor Gott offenlegen und ihn um Vergebung und um Hilfe zur Veränderung bitten.

35
Die Erde – eine Scheibe?

Du hast einst die Erde gegründet,
und der Himmel ist deiner Hände Werk.

Psalm 102,26

Geschichte wird zuweilen geschrieben, wie man sie braucht. Wie es wirklich war, steht häufig auf einem anderen Blatt. Jeder, auch der akademische Historiker, sieht auf die Vergangenheit durch die Brille seiner eigenen Prägungen und Interessen. Die meisten sehen nur das, was sie sehen wollen. Ihnen geht es darum, ihre eigenen Ideen und Ideale auch schon in der Vergangenheit zu entdecken, um eine „Heldengeschichte" der eigenen Denk- und Lebensweise zu verfassen. Sozialisten sehen die ganze Weltgeschichte als Klassenkampf, Feministinnen als Kampf der Geschlechter und Atheisten als Emanzipation von Gott. Alles, was dabei nicht passt, wird uminterpretiert oder weggelassen. Dazu gehört auch die weit verbreitete Marotte, den Gegner und Andersdenkende aus der Vergangenheit noch etwas schwärzer zu zeichnen, um dadurch selbst ein bisschen heller und besser dazustehen. Je schlimmer der weltanschauliche Konkurrent war oder ist, desto edler und klarer sieht die eigene Ideologie aus. Eine solche Geschichtsinterpretation kommt natürlich immer zu dem Schluss, dass man selbst recht hat. Die Realität bilden solche Geschichtsdarstellungen nicht ab – vielleicht sollen sie es auch gar nicht. Viele Konstruktionen der Vergangenheit dienen lediglich der Selbstvergewisserung und der Selbstrechtfertigung. – „Wir sind richtig!"

Im Überschwang eines neu anbrechenden wissenschaftlichen Zeitalters (18./19. Jahrhundert) zeichneten viele Gelehrte und Dichter das Mittelalter in tiefstem Schwarz. Die Menschen jener längst vergangenen Epoche seien allesamt dumm, ignorant und wissenschaftsfeindlich. Höchstens ihre Frömmigkeit könnte

....

man ihnen zugutehalten, wobei auch die durch zu viel Aberglauben belastet sei. Bis heute meinen deshalb viele, dass die mittelalterlichen Menschen glaubten, auf einer platten Erdscheibe zu leben, an deren Rand sie unverhofft ins Nichts stürzen könnten. Doch ist die Geschichte des „unwissenden Mittelalters" auch in dieser Hinsicht nicht mehr als ein modernes Ammenmärchen. Verbreitet wurde die Idee von den rückständigen Menschen des Mittelalters, die an eine flache Erde glaubten, unter anderem von Washington Irvings Buch *The Life and Voyages of Christoph Columbus* (1828, „Leben und Reisen des Christoph Kolumbus"). Darin behauptet der Autor, Columbus habe mit seiner Expedition beweisen wollen, dass die Erde rund sei und keine Scheibe. Historische Dokumente bestätigen diese Interpretation allerdings nicht.

Ernsthaft wurde die Vorstellung von einer scheibenförmigen Erde erst von dem exzentrischen Engländer Samuel Birley Rowbotham (1816–1884) vertreten. Er wollte nachweisen, dass die Erde keine Kugelform hat. Im 20. Jahrhundert stand der britische Forscher Samuel Shenton (1903–1971) der *International Flat Earth Society* („Internationale Flach Erde Gesellschaft") vor. Das Raumfahrtprogramm der NASA und die erste Mondlandung wurden als Verschwörung und Theater abgetan, weil auf den Bildern aus dem Weltraum die runde Form der Erde eindeutig sichtbar wurde. Unter der Führung von Charles Kenneth Johnson (1924–2001) wuchs die Gesellschaft in den 1990er-Jahren bis auf 3500 Mitglieder an. Johnson behauptete, die Erde sei eine Scheibe mit dem Nordpol als Zentrum. Der äußere Rand der Erde werde durch einen

50 Meter hohen Eiswall gebildet. Sonne und Mond hätten einen Durchmesser von 51 Kilometern und befänden sich in rund 4800 km Entfernung von der Erde. Gegenwärtig bekennen sich weltweit nur noch einige Hundert Personen zum Weltbild der flachen Erde. Ihr Treffpunkt ist das Internetforum www.theflatearthsociety.org.

Für die meisten Menschen sind diejenigen, die davon überzeugt sind, die Erde sei flach, Exzentriker oder einfach Spaßvögel. Weit erschreckender ist es, dass Generationen bereitwillig das Bild eines rückständigen, christlichen Mittelalters übernommen haben, allein weil es gut zu den eigenen Vorurteilen passte. Fakt ist, dass weder die Kirche noch die Bibel je verlangten, an eine flache Erde zu glauben.

36
Gelegenheit macht Diebe

....

Gott aber ist treu, der nicht zulassen wird,
dass ihr über euer Vermögen versucht werdet,
sondern mit der Versuchung auch den Ausgang
schaffen wird, so dass ihr sie ertragen könnt.

1. Korinther 10,13

Hinter dieser schlichten Aussage steckt die Feststellung, dass vor allem derjenige zum Dieb werden kann, dem sich die Möglichkeit dazu bietet. Das ist ja auch klar: Wo nichts zu stehlen ist, braucht man sich nichts darauf einzubilden, ehrlich geblieben zu sein. Trotzdem empören sich viele Menschen recht schnell über korrupte Politiker oder Manager, die sich „eben mal" die Taschen füllen, und das oftmals noch ohne schlechtes Gewissen. Akzeptabel ist ein solches Verhalten natürlich nicht. Aber als Normalsterblicher kann man sich auch nur ganz schwer in die Situation und Lebenswelt solcher Personen hineinversetzen. Für die meisten Menschen bietet sich kaum eine Gelegenheit, schnell ein paar Hunderttausend oder gar Millionen Euro halb legal nebenher zu „verdienen". Die Selbstverständlichkeit aber, mit der gemeinhin Vergünstigungen angeboten und Schmeicheleien akzeptiert werden, kann fast jeden Charakter verändern.

Mit diesem Thema beschäftigt sich John Grishams Justiz-Thriller *Die Schuld* (2004). Oberflächlich betrachtet geht es in dem Roman um den Missstand amerikanischer Sammelklagen, in denen gewinnsüchtige Anwälte im Namen von Tausenden von Mandanten eine große Firma auf viele Millionen Dollar Schadensersetz verklagen. Oftmals sind diese Anwälte nicht am Wohl oder Recht ihrer Mandanten interessiert, sondern lediglich an ihrem üppigen Honorar. Die schiere Masse der anonym durch Fernsehspots und Zeitungsanzeigen gewonnenen Kläger soll das beschuldigte Unternehmen einschüchtern und so zu einem schnellen Vergleich zwingen. Jedem Kläger, der durch ein fehlerhaftes Produkt geschädigt wurde, bekommt nach einer Einigung die gleiche Entschädigung. Meist ist diese Summe geringer als die in einem Einzelprozess zugesprochene. Ein Großteil der Klienten wäre ohne Sammelklage vermutlich aber nie vor Gericht gezogen.

Grishams sympathischem und engagiertem Pflichtverteidiger Clay Carter aus Washington wird eines Tages angeboten, gegen hohe Bezahlung bei der halb legalen Vertuschung eines illegalen Medikamententests mitzuwirken. Einige Probanden einer missglückten medikamentösen Drogenrehabilitation wurden zu Mördern. Die verabreichten Wirkstoffe führten bei ihnen zu einem unwiderstehlichen Drang zu töten. Das verantwortliche Pharma-Unternehmen entschädigt durch Carters Vermittlung die Familien der Opfer mit mehreren Millionen. Clay gewöhnt sich schnell an einen großzügigen Lebensstil und die 15 Millionen Dollar Honorar, die für ihn bei diesem Vergleich abgefallen waren.

Durch anonyme Hinweise stößt der Anwalt dann auf ein Medikament, das bei einigen Patienten Tumore hervorruft. Während der sich daraus ergebenden Klage kommt Carter in Kontakt mit einer Gruppe von Anwälten, die sich auf Schadensersatzklagen spezialisiert haben. Denen geht es ausschließlich darum, schnell die größtmögliche Summe aus den beklagten Unternehmen herauszupressen. Carter verändert sich zunehmend. Den Bezug zum „normalen Leben" hat er schnell verloren. Schon bald ist er mit seinem Luxus-Sportwagen und seiner Stadtvilla nicht mehr zufrieden und meint, ein prestigeträchtiges Privatflugzeug für 30 Millionen zu benötigen. Er gibt das Geld mit offenen Händen aus, in der festen Erwartung, schon bald noch größere Honorare einstreichen zu können. Mandanten werden von Carter immer mehr als lästiges Übel betrachtet. Das Wohl der beklagten Firmen und deren Mitarbeiter kümmern ihn kaum.

Schließlich verschuldet er durch Habgier den Konkurs einer mittelständischen Zementfabrik und die

....

Entlassung von Hunderten von Arbeitern. Um zu einem schellen Vergleich zu kommen, schlampt er bei der Recherche und übersieht bei einer anderen Klage die starke gesundheitliche Beeinträchtigung einiger seiner Mandanten. Diese verklagen Carter schließlich wegen der viel zu geringen Entschädigung. Bei diesem Prozess verliert er alles. Am Ende muss Carter mit der Schuld leben, seine Mandanten für einen schnellen persönlichen Gewinn verkauft zu haben: Mordverdächtige blieben im Gefängnis, weil ihr Anwalt die Seiten wechselte, sterbenskranke Patienten erhielten nur eine geringe Entschädigung, weil ihr Rechtsvertreter über dem Geldzählen seine Sorgfaltspflicht vergaß.

Solange Clay Carter die verführerischen Millionen nicht greifbar nah vor Augen hatte, war er ein anständiger und ehrlicher Pflichtverteidiger. Sobald sich ihm aber die Möglichkeit bot, ohne offensichtlich kriminelle Aktionen schnell reich zu werden, griff er zu. Sein Gewissen hatte Carter durch allerlei scheinlogische Entschuldigungen und Erklärungen bald beruhigt.

Manchmal kann es eben auch eine Hilfe sein, gar nicht erst in Versuchung gebracht zu werden. Wem nie eine Million Dollar angeboten wurden, der steht auch nicht vor der Herausforderung, sein Gewissen womöglich doch dem Geld anzupassen. Geld und Macht entwickeln schnell eine ungeahnte Eigendynamik, die die Persönlichkeit und den Charakter eines Menschen massiv verändern kann. – Christen wird versprochen, dass sie nicht über ihre Möglichkeiten hinaus versucht werden.

....

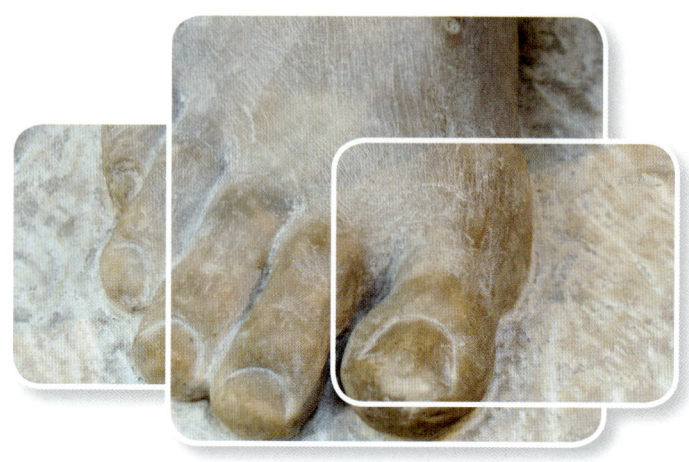

37
Auf tönernen Füßen

Und jeder, der diese meine Worte hört und sie
nicht tut, der wird mit einem törichten Mann zu
vergleichen sein, der sein Haus auf den Sand baute.

Matthäus 7,26

Wenn etwas auf „tönernen Füßen steht", kann
es auf den ersten Blick sehr imposant wirken,
in Wirklichkeit aber ist es sehr anfällig und instabil. So
kann beispielsweise die zu optimistische Finanzierung
eines Neubaus auf tönernen Füßen stehen oder auch
die Anklage gegen einen wirtschaftlichen Konkurrenten,
wenn belastende Beweise fehlen.

Diese verbreitete Redewendung stammt ursprünglich aus der Bibel. Im Jahr 605 v. Chr. wurde der spätere Prophet Daniel als jugendlicher Zwangsarbeiter ins Exil nach Babylon gebracht. Noch während der Ausbildung wurde Daniel mit einem besonders schwer zu deutenden Traum König Nebukadnezars konfrontiert. In diesem Traum sah der Herrscher ein riesiges Standbild mit einem golden Kopf, silbernen Schultern, einem kupfernen Bauch, eisernen Beinen und Füßen aus einer Mischung von Eisen und Ton. Dann stürzte ein Felsen auf die Füße und zermalmte das instabile Tongemisch. Daraufhin stürzte der gesamte Koloss zusammen. (vgl. Daniel 2)

Daniel deutete diese Vision als göttlichen Hinweis auf die Reiche, die nach Babylon kommen würden. Aus heutiger Sicht wären das Medo-Persien, Griechenland und das Römische Reich. Doch diese Reihe von eindrucksvollen Herrschaften stand eben „auf tönernen Füßen", was deutlich wurde, als sie alle plötzlich und unverhofft zerstört wurden.

Im übertragenen Sinn kann alles „auf tönernen Füßen stehen": eine Partnerschaft, eine Kaufentscheidung oder eine berufliche Veränderung. Zumeist meint man damit, dass die eigentliche Basis einer Entscheidung oder Planung nicht zuverlässig und belastbar ist. Die Auswirkungen davon, ob etwas „auf tönernen Füßen steht", sind unterschiedlich, je nach Tragweite der Sache, die man unzureichend geplant hat. Wenn ein Urlaub ins Wasser fällt, weil die Finanzierung „auf tönernen Füßen stand", wird man damit leben können. Steht allerdings die Ehe oder das eigene Lebenskonzept „auf tönernen Füßen", ist das schon weit tragischer. Jederzeit könnte das Konstrukt zusammenfallen wie das Standbild in Nebukadnezars Traum – spätestens am Ende des Lebens. Im Bild gesprochen, mag die eigene Lebensphilosophie modern und attraktiv erscheinen wie das Gold und Silber der Statue. Doch entscheidend sind die Stabilität und Wahrheit, die dahinter stehen. Ein Wirtschaftsunternehmen wird bankrottgehen, wenn seine Geschäftsidee „auf tönernen Füßen steht", ebenso ein Leben, das vor allem auf Oberflächlichkeit beruht. Gott will ein dauerhaftes Lebensfundament geben, das auch in schwierigen Phasen hält.

38
Ganz schön hell

Jesus redete nun wieder zu ihnen und sprach:
Ich bin das Licht der Welt; wer mir nachfolgt,
wird nicht in der Finsternis wandeln,
sondern wird das Licht des Lebens haben.

Johannes 8,12

Kaum etwas hat die Tageseinteilung der Menschen
so stark verändert wie die Erfindung des künstlichen
Lichts. Über Jahrtausende hinweg war man mehr oder
weniger auf das Tageslicht angewiesen. War es hell,
wurde gearbeitet, war es dunkel, wurde geruht. Natürlich gab es auch Kaminfeuer und Öllampen. Die waren

jedoch entschieden zu teuer, um einfach nur zum Spaß angezündet zu werden. Zu außergewöhnlichen Feiern, bei dringenden Anlässen oder in Kirchen wurden schon einmal Kerzen oder Öllampen genutzt. Wer es sich leisten konnte, entzündete am Abend einen Kienspan oder ein Talglicht, um etwas lesen oder weiter seiner Heimarbeit nachgehen zu können. Diese Lichter waren äußerst gemeinschaftsfördernd. Weil man möglichst nur eine dieser Lampen entzündete, sammelte sich die ganze Familie in dem Zimmer, in dem dieses Licht brannte. Entweder tauschte man sich dann über den Verlauf des Tages aus oder man brachte noch einige Arbeiten zu Ende, die nicht aufgeschoben werden durften.

Draußen, in der Dunkelheit, hielt man sich zu dieser Zeit nur auf, wenn es wirklich unumgänglich war, denn draußen, wo sich allerlei „lichtscheues Gesindel" herumtrieb, war man sich seines Lebens und seines Eigentums nicht sicher. Nur „zwielichtige" Gestalten, die etwas zu verbergen hatten, zogen jetzt noch übers Land oder durch die Gassen.

Heller, aber genauso brandgefährlich, wurde es durch die Verbreitung der Gas- und Petroleumlampen im 19. Jahrhundert. Reiche Städte und vornehme Leute beleuchteten nun einen ganzen Saal oder eine Promenade, um unabhängig vom Tageslicht die Freizeit genießen zu können. Nächtliche Stadtbeleuchtungen waren Ausdruck von Luxus und Lebensfreude. Verschiedene Abbildungen aus dieser Zeit zeigen stolze Bürger, die unter brennenden Laternen flanieren. Noch einfacher, aber zunächst auch teurer, wurde es durch die Einführung des elektrischen Lichts. Die Lampen wurden heller, rußten

....

nicht mehr und konnten auch keinen Häuserbrand entfachen. Es sollte allerdings noch Jahrzehnte dauern, ehe auch auf dem Land Strom aus der Steckdose kam. Eine flächendeckende Elektrifizierung galt lange Zeit als Inbegriff der Modernität und Fortschrittlichkeit eines Landes. Noch heute sitzen manche älteren Menschen aus falscher Sparsamkeit abends von einer schummrigen 40-Watt-Birne beschienen in der guten Stube.

Verhältnismäßig günstiger Strom, Leuchtstofflampen und LEDs machen Licht heute allgemein verfügbar und selbstverständlich. Im Rahmen dieser „Lichtausbreitung" verschob sich das Leben immer stärker in die Abend- und Nachtstunden. In der Zeitplanung spielt das Tageslicht kaum noch eine Rolle. Bei künstlichem Licht wird rund um die Uhr gearbeitet, jederzeit kann man heute einkaufen oder ein Fußballspiel besuchen. Zu Hause führt das leicht verfügbare Licht zu einer stärkeren Vereinzelung der Familienmitglieder. Jeder kann machen, was er gerne will, wo er es gerne will. Man muss nichts Gemeinsames mehr unternehmen, weil es viele beleuchtete Räume in der Wohnung gibt.

Zwar ist auch heute noch manchem Zeitgenossen im Dunkeln unwohl – insbesondere nach einem spätabendlichen spannenden Film –, ihren Schrecken hat die Nacht allerdings weitestgehend verloren. Dabei kam natürlich auch das Erleben des Besonderen der Dunkelheit weitgehend unter die Räder. Durch das selbstverständlich gewordene Licht haben die biblischen Beispiele vom „Licht auf dem Berg", das weithin zu sehen ist (Matthäus 5,14), und die Bezeichnung von Jesus Christus als „Licht der Welt" (Johannes 8,12) etwas an Strahlkraft

....

verloren. Nur da, wo ringsherum alles stockdunkel ist, sticht das einzelne Licht heraus, gibt Orientierung oder verheißt die Heimat. Daran dachten jahrhundertelang die Menschen, wenn sie lasen, dass die Bibel, das Wort Gottes, ein Licht auf ihrem Lebensweg sein will (Psalm 119,105). Dabei handelte es sich eben nicht um eines von Tausenden beliebiger Lichter, sondern um das einzige, das weit und breit in völliger Dunkelheit wirklich Orientierung geben kann.

39
Kaiser von Amerika

Jesus spricht zu ihm:
Ich bin der Weg und die Wahrheit und das Leben.
Niemand kommt zum Vater als nur durch mich.

Johannes 14,6

Kaiser von Amerika sein, das wäre doch etwas. Obwohl die urdemokratischen Bürger der USA wohl nicht so gut damit leben könnten. Und doch gab es für 21 Jahre einen „Kaiser von Amerika".

Joshua Norton ernannte sich sozusagen selbst zum Herrscher. Ab 1859 residierte er in San Francisco. Von den Bürgern der Stadt amüsiert akzeptiert, zog der

....

„Kaiser" von Geschäft zu Geschäft und ließ sich bedienen, natürlich ohne zu bezahlen. In Restaurants bestellte er möglichst teure Gerichte, in nobleren Schneidereien ließ er sich einen neuen Maßanzug anfertigen, wenn sein alter abgetragen war. Schiff und Bahn benutzte er gratis. Im Theater wurde ihm eine eigene Loge reserviert. Sogar im kalifornischen Repräsentantenhaus in Sacramento hielt man einen Platz für ihn frei – in der ersten Zuschauerreihe.

Norton I. gab auch eigene Banknoten heraus und versuchte, mit seinen europäischen „Amtskollegen", Queen Victoria von England, Kaiser Franz Joseph von Österreich und Wilhelm von Deutschland zu korrespondieren. Allerdings antworteten sie nie auf seine Schreiben. Gerne ließ sich der „amerikanische Kaiser" auch von der Presse interviewen. Gelegentlich wurden seine Äußerungen sogar veröffentlicht. Am 18. August 1869 konnte man in San Francisco von den Bauvorhaben Norton I. in der Zeitung lesen. Er forderte, dass mehrere Brücken errichtet werden sollten, so auch eine über das Meer am „Goldenen Tor". Damals war das technisch vollkommen unmöglich. Die Brückenidee aber war geboren und ca. 70 Jahre später wurde dann tatsächlich die „Golden Gate Bridge" gebaut.

1879 erließ Seine Majestät Norton I. ein Dekret zur Errichtung eines großen Weihnachtsbaums und zur Durchführung einer Tombola zugunsten armer Kinder. Er freute sich über die prompte Erfüllung seines „Befehls" und saß dann zufrieden inmitten der beschenkten Kinder. Als er 1880 starb, ohne je einen Krieg geführt, Gesetze erlassen oder Steuern eingetrieben zu haben, folgten rund 10.000 Menschen dem stadtbekannten Original bis auf den Friedhof.

Dieser Joshua Norton scheint durchaus interessant und recht unterhaltsam gewesen zu sein. „Kaiser von Amerika" war er aber trotz seiner Banknoten, seines Anspruchs und seines selbst gewählten Titels nicht wirklich. Offensichtlich wird man nicht Kaiser, weil man sich selbst einfach so bezeichnet und so auftritt, wie man es sich bei einem Herrscher vorstellt.

Wahrscheinlich ist es mit dem Christsein ganz ähnlich. Man kann sich lebenslang als Christ bezeichnen, sich sogar so verhalten, wie man es von einem Christen erwartet, und trotzdem ist man keiner. Zum Christen, zum „Kind Gottes" kann einen eben nur Gott selbst machen, und das geht ausschließlich nach den Bedingungen, die Gott dafür festgelegt hat.

40
Herzenssache

Wo dein Schatz ist, da wird auch dein Herz sein.

Matthäus 6,21

W er verliebt ist, bringt das gerne durch ein rotes Herz zum Ausdruck. Dabei steht dieses Symbol für das gleichnamige Organ. Über Jahrhunderte hinweg betrachteten Menschen das Herz als Sitz von Gefühl und Willen. Wer „mit ganzem Herzen bei der Sache" ist, engagiert sich mit Überzeugung und Begeisterung für etwas. Wer einen „Stich ins Herz" bekommen hat, muss meist eine unerwartete, negative Mitteilung verarbeiten. Wer sich von einem romantischen

Liebesfilm mitreißen lässt, dem „geht die Geschichte ans Herz".

Gefühle und Entscheidungen mit dem Herzen in Verbindung zu bringen ist eigentlich auch nicht so abwegig, wie es für den naturwissenschaftlich orientieren Menschen auf den ersten Blick erscheint. Denn tatsächlich empfinden viele Verliebte ein wohliges und euphorisches Gefühl in der Brustgegend. Und tatsächlich bekommen viele Menschen Schmerzen in derselben, wenn sie plötzlich mit einer traurigen Nachricht konfrontiert werden.

Rein medizinisch gesehen würde man das Herz als leistungsfähigen Muskel bezeichnen, der die Funktion einer Pumpe ausübt. Erst zu Beginn des 17. Jahrhunderts wies der englische Mediziner William Harvey (1578–1657) nach, dass das Blut in einem geschlossenen Kreislauf von Adern zirkuliert und durch das Herz angetrieben wird. Bis dahin dominierte die Auffassung des griechischen Arztes Galen (131–201). Demnach produziere die Leber ständig neues Blut, das im Herz gereinigt und mit Luft vermischt würde. Das Blut könne sich in den Adern in verschiedene Richtungen bewegen. Der „Herzschlag" gehe auf die stoßweise Ausdehnung der Körpersäfte zurück, nicht auf das Herz selbst.

Harveys Beobachtungen galten als äußerst glaubwürdig, weil er seine „Erkenntnisse" durch eigene Untersuchungen an zahlreichen Patienten belegen konnte. Harvey erkannte und bewies, dass nicht ständig neues Blut gebildet wird, dass es keine zwei Arten von Blut gibt und dass das Blut nur in eine Richtung durch die Adern fließt. Wie so häufig wurde Harvey bei seiner Neuinterpretation des Herzens von Beobachtungen aus seiner

Umwelt beeinflusst. Wahrscheinlich regten ihn die mechanischen Pumpen seiner Zeit dazu an, auch das Herz als Pumpe zu verstehen. Der pulsierende Wasserstrahl aus Brunnen- und Feuerwehrpumpen ließ ihn vermutlich an den menschlichen Kreislauf denken.

Natürlich kommt dem innovativen Forscher zu Recht die Ehre zu, die Funktionsweise des Herzens korrekt erkannt und beschrieben zu haben. Gleichzeitig führt diese „Entdeckung" vor Augen, in welch engen zeitgeistlichen Bahnen wissenschaftlicher Fortschritt gewöhnlich abläuft. Wird eine mechanische Pumpe entwickelt, interpretiert man auch das Herz als solche. Ist man vom Computer begeistert, versucht man auch das Gehirn als biologischen Rechner zu interpretieren. Wahrscheinlich ist unser Bild von der Wirklichkeit eben weit mehr von aktuellen Vorstellungen abhängig, als wir es uns im Allgemeinen eingestehen wollen. Eine wichtige Aufgabe des Wissenschaftlers ist nicht nur die scheinbar objektive Erklärung der Welt, sondern die kluge Anwendung des gerade vorherrschenden Zeitgeistes auf alle Bereiche des Lebens. Liegt die gesellschaftliche Betonung des Individuellen im Trend, achtet man plötzlich auch in der Wissenschaft stärker auf das Besondere und Unterschiedliche. In Phasen der Technikbegeisterung wird vieles als gleichförmiger, mechanischer Ablauf erklärt.

Später musste man übrigens erkennen, dass Galen doch nicht so ganz daneben lag, denn absolut geschlossen ist der Blutkreislauf nicht. Tatsächlich werden pro Sekunde rund 2 Millionen Blutkörperchen nachgebildet (Hämatopoese), allerdings nicht in der Leber, wie Galen annahm, sondern im Knochenmark. Auch gibt es tatsächlich zwei

„Sorten" Blut. Einmal unterscheidet es sich bezüglich des Sauerstoffgehalts, andererseits transportiert das Blut „Abfallstoffe" mit sich, wenn es aus den Extremitäten zurück zum Herzen bzw. zur Leber und in die Nieren fließt.

Wie auch immer, jedenfalls funktioniert das Herz hervorragend und ermöglicht so ein verhältnismäßig ungestörtes Leben, sogar für all diejenigen, die seine Funktion nicht oder nur teilweise verstehen. Bei jedem der 70 Schläge pro Minute pumpt das Herz rund 70 Milliliter Blut; in der Minute sind das dann etwa fünf und in jeder Stunde 300 Liter Blut, die durch den Körper geschickt werden. Diese erstaunliche Leistung erledigt das Herz ohne Pause, Wartung oder Inspektion in der Regel 70 bis 80 Jahre lang.

Einen erweiterten Horizont bedeutet es für jeden, der das Herz nicht nur als biologische Pumpe, sondern auch als Symbol für Emotion und Willen begreift. Denn tatsächlich spielt das Herz auch bei Liebe und Leid eine Rolle. Gott will den Menschen in seinem Herzen ansprechen und nicht alleine im Intellekt. Er erwartet vom Menschen auch nicht nur die verstandesmäßige Anerkennung irgendeines Lehrsatzes, sondern ein Sich-ganzheitlich-auf-Gott-Einlassen – eben eine Beziehung „von Herzen" (vgl. Römer 10,9; 1. Timotheus 1,5).

....

41
„Lieber Opfer machen als Opfer werden!"

Ein neues Gebot gebe ich euch,
dass ihr einander liebt, damit,
wie ich euch geliebt habe, auch ihr einander liebt.

Johannes 13,34

Noch ist es nicht lange her, dass in München einige Schweizer Jugendliche verurteilt wurden. Einige Zeit vorher waren sie auf Klassenfahrt in der Stadt gewesen. Weil am Abend gerade nichts los war, zog eine Clique durch München, um „etwas zu erleben". Sie „vertrieben

....

sich die Zeit" damit, fünf Passanten zusammenzuschlagen und beinahe zu töten – einfach nur weil ihnen langweilig war, wie einer der Jugendliche nach der Tat aussagte.

Sicher, nicht jeder wird so schnell zum Schläger und Kriminellen. Über einen anderen Menschen im Internet herzufallen ist jüngsten Studien zufolge bei deutschen Jugendlichen aber längst zum Volkssport geworden. Ein Drittel aller Jugendlichen werden während ihrer Schullaufbahn Opfer von Mobbing, sagen die Fachleute. Das beginnt oft mit sogenanntem „Dissen" oder Lästern im Internet auf Kosten eines anderen. Mancher wird zum Opfer, weil er etwas mehr Pickel hat als andere, weil er ein älteres Handy benutzt oder aber weil er sich als Erster das neue iPhone leisten kann. Eigentlich braucht es gar keinen richtigen Grund. Manchmal genügt es einfach, dass momentan kein anderes Opfer zur Verfügung steht. Vielen Mobbern ist einfach langweilig oder sie finden es unterhaltsam, einen scheinbar Unterlegenen richtig fertigzumachen.

Dass Opfer dabei in Depressionen fallen, psychische Probleme bekommen oder gar Selbstmord begehen, interessiert niemanden wirklich oder es wird billigend in Kauf genommen. Denn eigentlich ist das doch „bloß Spaß", und wenn jemand den nicht versteht oder vertragen kann, ist er oder sie doch wohl „selbst schuld". Zumeist werden auch nicht die „Psychos" oder „Asis" zu Mobbern, sondern die ganz normalen, die gut integrierten und anerkannten Jugendlichen – gerne auch übers Internet. Wo man sonst vielleicht etwas Hemmungen hätte, schlägt man in der Anonymität der elektronischen

Medien hemmungslos zu. Nur wenn man sich seiner Sache und seiner Unterstützer wirklich sicher ist, geht man gegen sein Opfer auch unter dem eigenen Namen vor. Selbst dann noch fällt es im Netz deutlich leichter, das Opfer fertigzumachen, weil man dessen Frustration, Verzweiflung oder Tränen ja nicht sieht.

In leichten Formen beginnt Cyber-Mobbing mit lästernden Kommentaren in Facebook oder als Kommentar unter einem YouTube-Video. In einer nächsten Stufe werden kompromittierende Fotos erstellt und im Internet verbreitet. Mancher verschickt auch unter der gekaperten E-Mail-Adresse des Opfers gefälschte Nachrichten (erfundene Liebesbriefe oder Drohungen), die die entsprechende Person lächerlich machen oder als Begründung für weitere Aggressionen herhalten. In der weiteren Stufe bombardiert man das Opfer mit anonymen Beschimpfungen per SMS, Handy und/oder E-Mail, möglichst Tag und Nacht. Wer jedes Schuldempfinden verloren hat, droht dem Opfer Gewalt an, verschickt bewusst Computerviren oder gründet Internet-Gesprächsgruppen, in denen die Teilnehmer sich darüber austauschen, wie sie das Opfer foltern und quälen wollen.

Leider sind solche Aktionen nicht nur Erfindungen von Romanautoren, sondern tägliche Realität in Deutschland. Cyber-Mobbing ist zwischenzeitlich auch nicht mehr nur ein Problem einiger Jugendlicher. Ein Blick in die großen sozialen Netzwerke oder auf YouTube-Kommentare macht deutlich, dass diese Mobbing-Mentalität längst auch bei den Erwachsenen angekommen ist. Mit politischen oder weltanschaulichen Gegnern oder mit Andersdenkenden wird nicht mehr sachlich geredet. Stattdessen wird versucht, den anderen mit Beschimpfungen, Flüchen, Drohungen, Vorwürfen, Lügen oder anderem verbalen Abfall mundtot oder lächerlich zu machen. Konsequenzen hat das für die Mobber meist nicht. Sie fühlen sich stark und haben manchmal sogar Erfolg. Der Gemobbte schweigt irgendwann gedemütigt, ist zutiefst verärgert oder beginnt ebenfalls sich durch polemisches Gerede unglaubwürdig zu machen.

Christen sollten auch in elektronischen Medien zu ihren Werten und Worten stehen (vgl. Jakobus 1,19; 3,1-12; 5,12). Lügen, Halbwahrheiten und verbale Verletzungen sind im Internet mindestens ebenso schlimm wie im realen Leben, vielleicht sogar schlimmer, weil sie sich viel weiter verbreiten können. Wenn Christen anderen Menschen begegnen, sollten sie sich nicht hinter anonymen Kürzeln oder falschen Namen verstecken. Sie sollten auch hier ehrlich sein, von der Liebe und Wertschätzung bestimmt werden, die Gott allen Menschen gegenüber an den Tag legt. Dabei ist es keine Rechtfertigung, dass doch „alle" Cyber-Mobbing betreiben, dass andere Mobber noch krasser auftreten, dass das Opfer bisher nie um Gnade gebettelt oder noch keine Selbstmorddrohung geäußert hat.

42
Guten Appetit

Denn der Mensch sieht auf das, was vor Augen ist,
aber der HERR sieht auf das Herz.

1. Samuel 16,7

Lebensmittelskandale treffen die Menschen besonders hart. Hier fühlt sich jeder persönlich bedroht und ausgeliefert. Schließlich kann man aufs Essen nicht einfach verzichten. Und doch werden die Verbraucher mit regelmäßiger Sicherheit durch einen neuen Nahrungsmittelskandal erschüttert. Gestern war es gepanschtes Speiseöl, heute ist es falsch deklariertes Fleisch und morgen wird es mit Pestiziden belasteter Salat oder mit Schwermetallen ver-

....

setzter Fisch sein. Mag es für manche noch erträglich sein, mit Wasser und Stärke verlängerte Milch angeboten zu bekommen oder mit Pferd gemischtes Rindfleisch, so wird es höchst kriminell, wenn man Wein Glykol zusetzt, wie 1986 in Österreich geschehen, oder wenn Milchpulver mit Melamin gestreckt wird wie 2008 in China.

Wahrscheinlich ist es nur wenig tröstlich, zu wissen, dass Lebensmittel schon immer gepanscht und gefälscht wurden, wenn sich damit noch etwas mehr Geld verdienen ließ. Skrupel wegen des Betrugs oder wegen möglicher Gesundheitsschäden spielten bei den Profiteuren meist keine besondere Rolle.

Wurde im Mittelalter gelegentlich Mehl mit Sägespänen oder Gips gesteckt, so kannten die Römer verschiedene Methoden, um schlechten Wein besser verkaufen zu können. Als relativ normal wurde es in der Antike noch angesehen, wenn Wein mit Seewasser konserviert wurde. Manche mochten den Salzgeschmack im Wein sogar. Beim teuren Falerner Wein stieg der Wert des Getränks mit dem Alter; Wirte erlagen deshalb manchmal der Versuchung, ihrem jahrzehntealten Wein noch ein paar Jahre hinzuzudichten, um entsprechend mehr verlangen zu können. Um den Wein älter erscheinen zu lassen, als er eigentlich war, gingen einige Anbieter auch dazu über, ihren Traubensaft zu „räuchern". Um den herben Geschmack alten Falerners zu mildern, wurde häufig frischer, süßer Wein zugesetzt.

Für die Herstellung besonders billiger Weine mischten die Römer den Trester (Reste aus der Weinpresse) mit Wasser, ließen das Ganze eine Zeit lang ziehen und pressten das Gebräu erneut aus. Allgemein üblich war es, Geschmack, Farbe und Geruch der Weine durch spezielle Zusätze zu „verbessern". Herbe Weine wurden mit eingekochtem Traubenmost vermischt, um sie lieblicher zu machen. Nicht ganz gerne gesehen, aber weit verbreitet war die Sitte, „strengen Wein" durch weißen Ton, Marmorstaub und Gips zu mildern. War der Weißwein zu blass, färbte man ihn kurzerhand mit Safran. War der Wein zu dunkel, mischte man Bohnenmehl und Eiweiß oder die Asche von weißem Rosenholz bei. Gallische Händler waren berüchtigt dafür, die Farbe und den Geschmack ihres Weines durch Aloesaft zu manipulieren. Teilweise akzeptiert war die „Verfeinerung" des Weines durch die Würzung mit Pfeffer, Narde, indischem Lorbeer, Rosen- und Veilchenblättern. So richtig froh waren die römischen Weinkenner über dieses Verdünnen, Würzen und Mischen aber nicht, wie uns eine Klage Martials vor Augen führt: „Tucca, was versprichst du dir davon, wenn du altem Falerner Wein Most beimischst? [...] Ein Verbrechen ist es, den Falerner zu ruinieren und in den kampanischen Wein grausige Gifte zu geben. Deine Gäste haben vielleicht ihren Untergang verdient, solch ein kostbarer Krug Wein hat bestimmt nicht zu sterben verdient."

Im Grunde genommen sind all diese Lebensmittelpanschereien Formen von Heuchelei. Um einen persönlichen Vorteil zu haben, werden auf einfallsreiche Art und Weise falsche Tatsachen vorgespielt. Nicht immer wird der Konsument dabei gesundheitlich geschädigt, aber er wird betrogen und übervorteilt.

Solche Formen der Heuchelei sind auch in anderen Bereichen des Lebens gang und gäbe. Ein Vertreter heuchelt Interesse, um einen guten Vertrag abschließen zu können, ein junger Mann heuchelt Liebe, um das attraktive Mädchen ins Bett zu bekommen, und ein Kirchgänger heuchelt Frömmigkeit, um von den Gottesdienstbesuchern gut angesehen zu werden. Solche und ähnliche Verhaltensweisen fallen oftmals kaum auf und haben sogar immer wieder zum Erfolg. Aber sie bauen auf Falschheit. Dadurch zerstören sie Vertrauen und Echtheit. Sie funktionieren nur so lange, wie andere sich bemühen, echt und authentisch zu sein, sodass es neben der Fälschung auch das erstrebte Original gibt.

Doch selbst wenn Menschen sich durch Heuchelei und Vorspiegelung falscher Tatsachen beeindrucken lassen, Gott lässt sich nichts vormachen. Er durchschaut solche Manöver bereits im Ansatz. Wahrscheinlich lacht er darüber – oder er weint, weil sich der Fälscher und sein Opfer mit billigen Imitationen zufriedengeben, statt auf dem echten Produkt zu bestehen, weil Menschen durch die Vorspiegelung falscher Tatsachen an Körper und Seele geschädigt werden. Gott, auf den es letztlich ankommt, kann man nicht betrügen. Das sollte zu mehr Echtheit, Offenheit und Authentizität herausfordern – bei der Produktion und dem Vertrieb von Lebensmitteln, aber noch mehr bei allen Verhaltensweisen im täglichen Leben.

43
Die Heilsarmee

Zieht die ganze Waffenrüstung Gottes an, damit ihr
gegen die Listen des Teufels bestehen könnt!

Epheser 6,11

Die Gründung einer „Glaubensarmee" würde heute
in Deutschland wahrscheinlich einigen Aufruhr ver-
ursachen und den Verdacht des Extremismus wecken.
Das war im 19. Jahrhundert in England ähnlich, wenn
auch aus anderen Gründen. Damals hatte Großbritan-
nien wahrscheinlich den Höhepunkt seiner politischen
Macht erreicht. Englands Wirtschaft und Militär waren
weltbeherrschend. Viele einfache Menschen im East End

von London aber gehörten zu den Verlierern dieser britischen Globalisierung. Wie in den Romanen von Charles Dickens zu lesen, lebten die Leute hier in großer Armut, sie starben an kleinsten Erkrankungen, bestahlen und ermordeten sich gegenseitig, waren von Gott und der Welt verlassen – so schien es zumindest.

1865 gründete der volksnahe Methodistenprediger William Booth (1829–1912) die „Christliche Mission", die wenige Jahre später in *Salvation Army* („Heilsarmee") umbenannt wurde. Er sah die Probleme und das Leiden der untersten gesellschaftlichen Schicht von London, der Arbeitslosen, der Straßenkinder, der Trinker, der entlassenen Sträflinge und der alleinerziehenden jungen Frauen. Selbst die Kirche hatte diese Menschen längst abgeschrieben.

Booth sah das Elend und war fest überzeugt, dass hier nur durch eine praktische christliche Aktion Abhilfe geschaffen werden könne. Die von ihm angedachte Hilfe sollte ganzheitlich sein. Die Menschen sollten nicht nur zu essen bekommen, sie brauchten eine Erneuerung von Körper, Seele und Geist. Daraus ergab sich der spätere „Schlachtruf" der Heilsarmee: „Suppe, Seife, Seelenheil!"

Booth war durchaus bereit, auch vollkommen neuartige Mittel einzusetzen, um sein Ziel zu erreichen. Er stellte eine straffe Organisation nach militärischem Vorbild auf die Beine – mit Uniformen, Fahnen und Rangabzeichen. Statt Orgelmusik bekam man Posaunen und Schlagzeug zu hören. Der Prediger war „Offizier" und die Gemeinde wurde „Korps" genannt.

Der feste äußere Rahmen sollte den Menschen neues Selbstvertrauen geben und ihnen helfen, einen deutlichen Trennungsstrich unter ihr bisheriges Leben zu ziehen. Schon rein äußerlich sollte der Neuanfang sichtbar werden. Wahrscheinlich setzte Booth auch auf das relativ hohe Ansehen, das die staatliche Armee damals in der Bevölkerung hatte. Auch in anderer Hinsicht war der „General", wie Booth später genannt wurde, unkonventionell. Er verstand sich weniger als Theologe, sondern vielmehr als Pragmatiker. Auf Heilsarmee-Veranstaltungen predigten neben den „Heils-Soldaten" gelegentlich auch Frauen, sogenannte *hallelujah females* („Halleluja-Mädchen"), oder zogen mit Uniform durch die Londoner Vergnügungsviertel. Um die Massen von der Straße zu erreichen, fanden viele Veranstaltungen nicht in Kirchen statt, sondern in ehemaligen Fabrikhallen, in *„salvation factories"* („Rettungs-Fabriken"). So etwas war damals vollkommen undenkbar. Da wundert es kaum, dass Booths Aktivitäten von der Kirche und auch von manchen Unternehmern kritisch gesehen wurden. Insbesondere die Kneipenwirte und Schnapsbrennereien organisierten und finanzierten Aktionen gegen die Heilsarmee, bei denen man auch tätlich gegen deren Mitglieder vorging. Allein 1882 wurden über 600 Heilsarmee-Offiziere Opfer von Übergriffen.

Und trotzdem hatte die Heilsarmee Erfolg. Sie sprach genau das an, was die Leute beschäftigte, und half ihnen dort, wo sie am dringendsten Hilfe brauchten.

Allein in London wurden Jahr für Jahr Zehntausende versorgt. Booth richtete Speisehallen ein, in denen man für wenig Geld Brot, Suppe, Fleisch und Kaffee bekam. 1874 wurden „Trinker-Rettungs-Brigaden" gebildet, die mit intensiver Betreuung und strenger Abstinenz vielen

....

Alkoholikern halfen, trocken zu werden und ein neues Leben zu beginnen. Wenig später begannen „Rettungs-Brigaden für Strafgefangene" mit ihrer Arbeit.

Trotz aller Kritik und Diffamierungen wurde die Heilsarmee schon bald international populär. Seit 1882 arbeitet sie in der Schweiz, seit 1886 in Deutschland und seit 1927 in Österreich. Schon im Jahr 1904 gab die Heilsarmee allein in London 3 Millionen Mahlzeiten an Bedürftige aus, organisierte 1,5 Millionen Übernachtungen für Obdachlose, nahm 2.100 junge Frauen mit Problemen und 700 Exsträflinge in ihren Häusern auf. Außerdem versorgte sie 8.000 Kranke und 4.000 Arbeitslose.

Heute ist die Heilsarmee in 126 Ländern mit insgesamt 1,7 Millionen Mitgliedern, 15.765 Gemeinden, 1.900 Schulen, 3.600 Sozialeinrichtungen, 21 Krankenhäusern und 202 Gesundheitszentren vertreten.

Auch wenn die äußere Form variiert und manche Traditionen der Heilsarmee zwischenzeitlich etwas antiquiert wirken mögen, die sozialen und geistlichen Herausforderungen haben sich seit dem Beginn dieser Organisation nur wenig verändert. Christen, die glaubwürdig leben wollen, fühlen sich noch immer herausgefordert, Menschen in ihrem Umfeld von Gott zu erzählen, ihnen aber auch in den praktischen Dingen des Alltags zu helfen. Manchmal braucht es dabei wohl auch heute noch unkonventionelle Ideen und Aktionen.

44
„Entschuldigung ...“

So, sage ich euch, ist Freude vor den Engeln Gottes
über einen Sünder, der Buße tut.

Lukas 15,10

Um Verzeihung zu bitten ist schwer. – Nun ja, genau genommen ist es eigentlich recht einfach, man muss nur einige Worte aussprechen. Und trotzdem gibt es wenige Dinge, die Menschen so schwerfallen, wie ehrlich einen eigenen Fehler einzugestehen und sich durch die Bitte um Entschuldigung zu demütigen.

An anderen Leuten schuldig werden kann man auf ganz unterschiedliche Art und Weise: Man lügt oder plaudert ein Geheimnis aus, man unterlässt eine notwendige Hilfeleistung, man bestiehlt oder übervorteilt seinen Nächsten, man hält eine Abmachung nicht ein oder beschädigt fremden Besitz usw. Obwohl den meisten Menschen theoretisch natürlich klar ist, dass sie nicht immer alles richtig machen, fällt es ihnen im konkreten Fall schwer, das eigene Versagen auch einzugestehen, besonders, wenn noch niemand darauf aufmerksam geworden ist. Bevor es zu einer Bitte um Entschuldigung kommt, werden meist auch erst noch alle möglichen und unmöglichen Gründe und Umstände aufgezählt, die das Fehlverhalten irgendwie verständlicher und deshalb weniger verwerflich erschienen lassen sollen. So wird häufig darauf verwiesen, dass ja auch viele andere Menschen in ähnlicher Situation genau gleich handeln würden, dass man unter Stress gelitten habe, dass andere Personen viel schlimmere Dinge täten usw.

Dann wird manchmal noch der Geschädigte angegriffen. Er hätte ja eher etwas sagen können, er solle nicht so empfindlich sein oder sich an die eigene Nase fassen.

Die letzte Verteidigungslinie vor dem wirklichen Eingeständnis der eigenen Schuld ist die Selbstentschuldigung: „Ich entschuldige mich, dass ich dich belogen habe!" Hier bleibt der Schuldige noch immer der Handelnde, er bestimmt das Geschehen. Die Reaktion des Geschädigten spielt eine untergeordnete Rolle. Ihm bleibt eigentlich nichts anderes übrig, als sich mit diesen Worten zufriedenzugeben. Dabei kann man sich in Wirklichkeit natürlich kaum selbst entschuldigen, sondern man muss um Entschuldigung bitten, die nur der Geschädigte zusprechen kann. Das aber scheuen viele

Menschen, weil sie sich mit einer solchen Bitte ganz in die Hand eines anderen begeben müssen und dazu noch in die Hand einer Person, der sie Schaden zugefügt haben.

Fehler einzugestehen fällt nicht nur Privatpersonen schwer, sondern auch Staaten. Das musste der 1894 zu Unrecht durch ein Kriegsgericht verurteilte Hauptmann Alfred Dreyfus erfahren. Dem französischen Nachrichtendienst fiel 1894 ein Papier in die Hände, in dem ein unbekannter Offizier militärische Geheiminformationen an die deutschen Feinde verraten hatte. Eine vage Ähnlichkeit der Handschrift und seine jüdische Herkunft führten schließlich dazu, dass Dreyfus in Verdacht geriet. Obwohl eine anberaumte Hausdurchsuchung keine belastenden Indizien zutage förderte, zwei Handschriftexperten sich skeptisch äußerten und auch sonst kein überzeugendes Motiv für den behaupteten Landesverrat zu finden war, wurde Dreyfus angeklagt. Mithilfe zweifelhafter Zeugenaussagen, bloßer Spekulationen und eines manipulierten Handschriftenvergleichs wurde der Hauptmann zu einer lebenslangen Verbannung auf die Teufelsinsel verurteilt. Nach seiner öffentlichen Degradierung und dem Ausstoß aus der Armee blieb er bis 1899 unter verschärften Bedingungen auf der tropischen Insel in Isolationshaft.

Inzwischen musste der französische Nachrichtendienst feststellen, dass der Geheimnisverrat an die Deutschen weiterlief. Konkrete Untersuchungen erwiesen den spielsüchtigen Major Ferdinand Walsin-Esterhazy als Schuldigen. Da die Angelegenheit den Verantwortlichen im Generalstab und im Kriegsministerium zu peinlich war

....

und sie befürchteten, wegen offensichtlicher Manipulationen des Prozesses belangt zu werden, versetzten sie den ermittelnden Beamten kurzerhand und erstellten ein gefälschtes Dokument, das Dreyfus erneut belastete. Es begann eine Folge von Vertuschungsversuchen und Lügen: Man täuschte, um die vorhergegangene Täuschung zu verdecken, und log, um die letzte Lüge glaubhafter zu machen. Um das eigene Fehlurteil nicht eingestehen zu müssen, wurde schließlich sogar der durch zahlreiche Indizien belastete Esterhazy freigesprochen.

In dieser Situation schrieb der französische Schriftsteller Émile Zola in der Zeitung *L'Aurore* einen offenen Brief an den Präsidenten, in dem er auf die mittlerweile durchgesickerten Fehler der Militärjustiz aufmerksam machte. Ihm schlossen sich einige führende Wissenschaftler und Künstler an. Doch statt den Vorwürfen nachzugehen, wurde Zola 1898 zu einem Jahr Gefängnis und einer Geldbuße von 3.000 Franc verurteilt. Auch nachdem die Fälschung einzelner Dokumente erwiesen war, weigerte sich die Regierung nach wie vor, den Fehler zuzugeben, und verhinderte eine Revision des Prozesses gegen Dreyfus. Aufgrund eines immer weiter zunehmenden öffentlichen Drucks wurde ein zweiter Prozess abgehalten, an dem auch der Verurteilte teilnahm.

Dreyfus hatte aufgrund der unzureichenden Ernährung inzwischen mehrere Zähne verloren, was ihm das Sprechen erschwerte. Er war stark abgemagert und konnte anfangs kaum feste Nahrung zu sich nehmen. Die Militärrichter kamen unter dem Druck ihrer in die Affäre verstrickten Generäle erneut zu einem Schuldspruch. Um die unwürdige Vorgehensweise zu beenden, wurde Dreyfus von einer neuen Regierung 1899 begnadigt. Nach eingehenden Untersuchungen hob das zivile Oberste Berufungsgericht das Urteil gegen Dreyfus 1906 auf und rehabilitierte ihn vollständig.

Eine Entschuldigung zum rechten Zeitpunkt hätte diese Tragödie verhindern können, aber falscher Stolz und mangelnde Einsicht verhinderten eine solche Entwicklung. Alltägliches Fehlverhalten hat nicht immer solch drastische Auswirkungen wie die Dreyfus-Affäre, trotzdem kann das Eingestehen eigener Schuld und die Bitte um Vergebung nicht nur die Beziehung zu anderen Menschen, sondern auch die zu Gott reinigen und erneuern.

45
Badesitten anno dazumal

Also wird nun jeder von uns
für sich selbst Gott Rechenschaft geben.

Römer 14,12

Baden ist angenehm, vor allem, wenn es so richtig warm ist. Manche bezahlen sogar gerne eine ganze Stange Geld, um in einem Whirlpool, einem Sole- oder Schwefelbad zu planschen oder vor einer beeindruckenden Naturkulisse zu schwimmen. Exklusiver sind da nur noch Bäder in Champagner oder in Eselsmilch, nach dem Vorbild der ägyptischen Königin Kleopatra.

Weit unangenehmer ist es, wenn man im übertragenen Sinne „etwas ausbaden muss". Gemeint ist damit zumeist, dass man für die Fehler eines anderen oder auch für die eigenen geradestehen soll. Ein entspannendes Bad steht einem dann zumeist nicht bevor. Nicht selten muss ein Chef „etwas ausbaden", was sein Angestellter gemacht oder eben nicht gemacht hat. Manchmal läuft das aber auch andersherum und der Angestellte wird für die Fehler des Vorgesetzten zur Verantwortung gezogen.

Die Redewendung „etwas ausbaden" kommt aus den 50er-Jahren. Damals lebte man noch nicht ganz so großzügig wie heute, und es war durchaus üblich, das Badewasser mehrfach zu benutzen. Nacheinander kamen alle Familienmitglieder in die Wanne. So sparte man Wasser und Geld. Das Wasser wurde mit der Zeit natürlich immer kälter – und schmutziger. Der Letztbadende musste „alles ausbaden". Er saß in dem mit Schuppen, Schweiß und was weiß ich noch allem angereicherten Wasser und hatte schlussendlich noch die Aufgabe, nach dem Bad die Wanne zu reinigen. Im Leben läuft es eben manchmal so, dass man etwas für einen anderen ausbaden muss. Eltern werden dafür zur Rechenschaft gezogen, wenn ihre minderjährigen Sprösslinge etwas kaputt gemacht haben. Und manchmal muss eine ganze Klasse es ausbaden, wenn einige wenige Unsinn gemacht haben.

Bei Gott ist das nicht so; da muss jeder nur das „ausbaden", was er oder sie selbst angestellt hat. Zur Rechenschaft gezogen wird vom Höchsten allerdings jeder, mancher schon sehr bald, hier im irdischen Leben. Andere meinen schon davon gekommen zu sein und finden sich dann plötzlich vor dem himmlischen Gerichtshof Gottes wieder.

....

46
August Hermann Francke

Jünglinge ermüden und ermatten, und junge Männer
strauchen und stürzen. Aber die auf den HERRN
hoffen, gewinnen neue Kraft; sie heben die
Schwingen empor wie die Adler, sie laufen und
ermatten nicht, sie gehen und ermüden nicht.

Jesaja 40,30-31

Nicht jeder wird als Weltveränderer geboren. Der junge August Hermann Francke (1663–1727) hätte sich wohl auch kaum träumen lassen, ein ganz außergewöhnliches Leben zu führen. Nie hatte er genügend Geld, und trotzdem schuf er Organisationen, die bis heute Bestand haben. Seine Ideen beeinflussten eine ganze Generation. Nicht umsonst haben sich inzwischen zahlreiche christliche Bekenntnisschulen nach ihm benannt.

Franckes Eltern gehörten zur Lübecker Oberschicht. August Hermann erwies sich als ein talentierter Schüler. Bereits mit 16 Jahren kam er an die Universität nach Erfurt. In kurzer Zeit lernte er Latein, Griechisch, Hebräisch, Englisch, Französisch und Italienisch. Mit 21 Jahren hatte er bereits den Magistergrad der Universität Leipzig und begann selbst, akademische Lehrveranstaltungen zu halten (1686).

Während eines Gemeindepraktikums in Lüneburg erlebte Francke eine Phase tiefer Zweifel. Plötzlich war er sich nicht mehr sicher, welcher Religion er wirklich vertrauen könnte. Während der Vorbereitungen für eine Predigt über Johannes 20,31 erlebte er jedoch einen inneren Durchbruch. Plötzlich war er von der Wahrheit der Bibel und der Glaubwürdigkeit Jesu überzeugt, nicht durch intellektuelle Bemühungen, sondern durch einen übernatürlichen Eindruck Gottes – so zumindest empfand es Francke.

Nachdem ihm klar geworden war, dass Ansehen, Reichtum und Anerkennung höchstens zweitrangig waren und keinesfalls als Lebenssinn taugten, wollte er seine Existenz ganz in den Dienst Gottes stellen. Schließlich wurde Francke als Professor für orientalische Sprachen an die neu gegründete Universität nach Halle an der Saale berufen (1691). Parallel dazu bekam er das Pfarramt der St.-Georgen-Kirche in Glaucha – einer Vorstadt Halles – übertragen. Seine Vorgänger im Amt waren wegen Unmoral und fortgesetzter Trunkenheit aus dem Dienst entfernt worden. Jedes fünfte Haus des Ortes war eine Schnapsbrennerei oder eine Kneipe. Die Gottesdienste wurden kaum besucht. Schon Kinder und Jugendliche betranken sich. Heute würde man Glaucha wohl einen sozialen Brennpunkt nennen.

Nach viel Gebet und einer kleinen Spende von 4 Talern und 16 Groschen, die er erhalten hatte, entschied sich Francke, eine Schule aufzubauen (1695). Schon bald eröffnete er auch ein Internat, um die Kinder nach dem Unterricht nicht in ihre häufig zerrütteten Familien zurückkehren lassen zu müssen. Die Schule war ein ungeahnter Erfolg. Weitere Häuser mussten gekauft und gebaut werden. Obwohl sie ausschließlich durch Spenden finanziert wurde, wuchs die Schule in rasantem Tempo, sodass vor den Toren Halles eine ganze Schulstadt entstand. Dazu gehörten eine Druckerei, Handwerksbetriebe, ein Bauernhof, die „Cansteinsche Bibelgesellschaft", ein Observatorium, eine Apotheke, deren neue Produkte in ganz Deutschland verkauft wurden, ein Lehrerseminar und ein Zentrum für Weltmission. Durch die Einführung neuartiger Druckverfahren trug Francke wesentlich zur Preissenkung und Verbreitung deutscher Bibelausgaben bei. Er gründete die bis heute erscheinende *Hallesche Zeitung* und die weltweit erste evangelische Missionsgesellschaft. Mit dem berühmten Universalgelehrten Gottfried Wilhelm Leibniz (1646–1716) entwarf er Pläne zur Missionierung Chinas.

Im Gegensatz zu heutigen christlichen Bekenntnisschulen, die größtenteils vom Staat finanziert werden, verfügte Francke über keinen festen Geldgeber. Doch auch ohne Bettelbriefe kamen die nötigen Finanzen und Sachspenden immer zur rechten Zeit. Franckes Anstalten motivierten Jahre später Georg Müller (1805–1898), allein im Vertrauen auf Gottes Versorgung ein ähnliches Waisenhaus im englischen Bristol zu gründen. Auch Johannes Daniel Falk (1768–1826) in Weimar und Johann Hinrich Wichern (1808–1881) in Hamburg ließen sich im 19. Jahrhundert bei der Gründung ihrer Rettungshäuser von Francke inspirieren.

Die meisten Schüler behielten ihre Zeit in Halle in guter Erinnerung. Viele übernahmen Franckes Ideale und setzten sie in ihrem eigenen Leben um, so wie Nikolaus Ludwig Graf von Zinzendorf (1700–1760), der Gründer der Herrnhuter Brüdergemeine. Franckes Schüler Johann Julius Hecker gründete in Berlin die erste moderne Realschule (1747), die von Friedrich dem Großen zum Modell für ganz Preußen genommen wurde. Schon 1717 führte Friedrich Wilhelm I. unter Franckes Einfluss die Schulpflicht ein.

Beim Tod August Hermann Franckes 1727 wurden in seiner Schulstadt rund 2.400 Schüler von 160 Lehrern unterrichtet. Zwar gingen die Sorgen und Moden der Zeiten auch nicht spurlos an den Franckeschen Anstalten vorbei, ruiniert wurden sie jedoch erst durch den zermürbenden Druck des real existierenden Sozialismus in der DDR.

Franckes vielfältige Leistungen nötigen jedem Interessierten bis heute Bewunderung ab. In Halle erinnern gegenwärtig nicht nur Straßennamen an den rührigen Pietisten, sondern vor allem die seit 1989 weitgehend sanierten und erneut mit Leben erfüllten „Franckeschen Stiftungen".

....

Zu seiner Zeit gehörte Francke zu den innovativsten und gleichzeitig zu den konservativ-bibelorientierten Christen. Eines seiner wichtigsten Anliegen war die Verbreitung der Bibel und die Bekehrung der Menschen. Darin sah er die Grundlage zu einer wirklichen und dauerhaften Erneuerung der Gesellschaft.

Menschen wie Francke könnte die Welt heute dringend gebrauchen.

47
Einfach astronomisch

Und Gott sprach: Es sollen Lichter an der Wölbung
des Himmels werden, um zu scheiden zwischen Tag
und Nacht, und sie sollen dienen als Zeichen und
zur Bestimmung von Zeiten und Tagen und Jahren;
und sie sollen als Lichter an der Wölbung des
Himmels dienen, um auf die Erde zu leuchten!
Und es geschah so. Und Gott machte die
beiden großen Lichter: das größere Licht zur
Beherrschung des Tages und das kleinere Licht
zur Beherrschung der Nacht und die Sterne.

1. Mose 1,14-16

Über das meiste wissen wir absolut nichts. Das klingt recht philosophisch, ist aber eigentlich eher naturwissenschaftlich gemeint. Fast alles, was wir materiell greifen und wissenschaftlich erforschen können, befindet sich hier auf der Erde. Lange Zeit ging man davon aus, dass die Materie sich vor allem im irdischen Lebensumfeld von uns Menschen befindet (Gase, Steine, Metalle, Wasser usw.). Im Vergleich zu den großen irdischen Objekten wirkten Sonne, Mond und Sterne eher klein. Im Laufe astronomischer Forschungen stellte man aber fest, dass einige der benachbarten Planeten wie Saturn oder Jupiter in Wirklichkeit weitaus größer sind als die Erde. Nach weiteren Berechnungen musste man zur Kenntnis nehmen, dass die aus irdischer Perspektive kleine Sonne, im Vergleich zum Planten Erde unermesslich groß ist. Kommt die Erde auf einen Durchmesser von rund 12.800 Kilometer, so sind es bei der Sonne 1,4 Millionen. Locker wiegt sie das 333.000-fache der Erde. Diese Erkenntnisse sind nun auch schon ein paar Jahrhunderte alt.

Nach einer eingehenderen Erforschung des Universums war bald klar, dass „unsere" Sonne bei Weitem nicht der größte Stern im Weltraum ist. Im Laufe jahrzehntelanger Beobachtungen stießen Astromomen auf immer neue erstaunliche Phänomene, weitere Sonnensysteme, ferne Galaxien, unvorstellbar große Gaswolken, alle Materie aufsaugende schwarze Löcher usw. Je besser die Teleskope wurden, desto weiter konnte man ins All hineinsehen. Die Zahl der mit modernen Teleskopen beobachtbaren Sterne beläuft sich auf unvorstellbare 70 Trilliarden (eine 7 mit 22 Nullen!). Eine Zahl in dieser Größenordnung ist mit nichts vergleichbar, was wir hier auf der Erde wahrnehmen. All diese Himmelskörper, Sonnen, Planeten, Asteroiden usw. können wir kaum direkt untersuchen, sondern nur aus der Entfernung beobachten, um aus dem Gesehenen Rückschlüsse auf deren Verhältnisse zu ziehen. Dabei müssen wir davon ausgehen, dass die auf der Erde zu beobachtenden und berechenbaren Zustände ähnlich sind wie die überall sonst im Universum. Detailliert überprüfen lässt sich das nämlich nicht, da wir keinerlei Möglichkeit haben, die allermeisten Himmelskörper je zu besuchen.

Diese Tatsachen allein sind schon beeindruckend genug. Offensichtlich rechtfertigen sie die Feststellung des Philosophen Immanuel Kant, dass jeder Mensch, der das Universum betrachtet, auf die Existenz Gottes schließen müsse.

Astronomische Beobachtungen und Berechnungen der letzten Jahrzehnte haben erstaunlicherweise zutagegefördert, dass alle bisher wahrgenommenen Sonnen, Planeten, Asteroiden usw. nur etwa 4 Prozent der Materie im Universum ausmachen. Alles im Weltall, was nicht selbst leuchtet oder von einem Stern beleuchtet wird, ist für die Beobachter vom Planeten Erde sozusagen „unsichtbar". Allerdings lassen sich Gravitationswirkungen großer Körper auf andere astronomische Objekte und auf Lichtstrahlen registrieren. Bereits in den 1930er-Jahren fiel dem Schweizer Astronomen Fritz Zwicky auf, dass sich ein Galaxienhaufen so verhielt, als ob seine Masse deutlich größer wäre als die Summe aller seiner Sterne. Zwickys Berechnungen zufolge musste die „unsichtbare" Materie etwa 400-mal so groß sein wie die sichtbaren Sterne und Gaswolken. Auch in den

....

einzelnen Spiralgalaxien fehlt Masse. Die Rotation des Gases in den Randbereichen der Galaxien lassen darauf schließen, dass in ihnen Hunderte Male mehr Materie vorhanden sein muss, als sichtbar ist – immer vorausgesetzt, es gelten dort dieselben Naturgesetze wie auf der Erde.

Die Masse der „Dunklen Materie" muss so immens sein, dass durch sie die Bewegung jedes einzelnen Sterns beeinflusst wird. Inzwischen haben Astronomen die Verteilung der „Dunklen Materie" im Universum ansatzweise kartiert. Nicht sichtbare Materie ist überall da, wo Gravitation wahrgenommen werden kann. Aller Wahrscheinlichkeit nach gibt es im Weltall etwa sechsmal so viel dunkle wie leuchtende Materie, meinen die Forscher. Dazu zählen äußerst lichtschwache Sterne und unbeleuchtete Planeten, zusammengefasst als *Massive Compact Halo Objekts"* (MACHOs). Nach weiteren Beobachtungen und etwas komplizierteren Berechnungen kommen Astrophysiker zu dem Ergebnis, dass nur wenige Prozent der Masse des Universums baryonische Materie (Atome mit Protonen und Neutronen) sein kann. Vielleicht, so spekuliert man, besteht viel „Dunkle Materie" aus Elementarteilchen, die noch niemand bemerkt hat, weil sie nur sehr schwach auf Licht und andere Materie reagieren. Diese hypothetischen Teilchen nennt man WIMPs *(„Weakly Interacting Massive Particles")*. Dazu könnten das flüchtige Neutrino gehören oder noch exotischere Teilchen wie Axionen und Photinos.

Joanne Baker schreibt: „Nur rund 4 Prozent der Materie im Universum sind gewöhnliche Materie mit Atomen aus Baryonen (Protonen und Neutronen). Weitere

23 Prozent sind Dunkle Materie, von der wir nicht wissen, woraus sie besteht (abgesehen davon, dass es keine Baryonen sein können) [...] Der Rest des Universums besteht aus etwas ganz anderem, aus Dunkler Energie." Wahrscheinlich ist auch das noch nicht das letzte Wort. Wir dürfen gespannt darauf sein, welche Überraschungen das Universum für uns in der Zukunft noch bereithält.

Sind die bisherigen Forschungen und Schlussfolgerungen richtig, wissen wir über den weitaus größten Teil der Masse des Universums (96 Prozent) so ziemlich nichts. Das kann bescheiden machen und mahnt jeden zur Vorsicht, der genau zu wissen vorgibt, was existiert und was nicht. Masselose Aspekte der Wirklichkeit, wie die Metaphysik, sind hier noch nicht einmal angedacht. Der genaue Blick ins Universum kann auch heute noch zum Staunen bringen – wie schon zu biblischen Zeiten.

48
Die Muskatnuss

So spricht der HERR: [...] fragt nach den Pfaden der
Vorzeit, wo denn der Weg zum Guten sei, und geht
ihn! So werdet ihr Ruhe finden für eure Seelen.
Aber sie sagen: Wir wollen ihn nicht gehen [...]
Wozu soll mir denn Weihrauch aus Saba kommen
und das gute Würzrohr aus fernem Land? Eure
Brandopfer sind mir nicht wohlgefällig, und eure
Schlachtopfer sind mir nicht angenehm.

Jeremia 6,16.20

Kapitalistische „Heuschrecken" machen vielen einfachen Angestellten das Leben schwer. Spätestens seit

....

der Immobilien- und Bankenkrise sind die meisten über das Verhalten diverser Firmenchefs und Finanzjongleure zutiefst verärgert. Nur um noch ein bisschen mehr für sich herauszuschlagen, entlassen sie Tausende von Mitarbeitern oder riskieren den Zusammenbruch ganzer Volkswirtschaften. Obwohl sie auch nur einmal leben, nur an einem Ort gleichzeitig sitzen oder schlafen und nur begrenzt essen oder trinken können, reizt es manche unwiderstehlich, immer mehr Macht und Besitz anzuhäufen. Oftmals geht es dann eher um Kämpfe und Siege als um das, was man hinterher tatsächlich besitzt. Diese grenzenlose Machtsucht befiel und befällt viele „bedeutende" Menschen aus Vergangenheit und Gegenwart.

Ein längst vergessener Spielplatz wirtschaftlicher „Heuschrecken" waren über mehrere Jahrhunderte hinweg die Molukken am östlichen Ende des heutigen Indonesien. Die Inseln der Banda-Gruppe waren einmal als „Gewürzinseln" weltbekannt. Eigentlich waren sie das Ziel der Entdeckungsfahrten von Christoph Kolumbus und Ferdinand Magellan. Eine besondere wirtschaftliche Rolle spielte die Insel Run, die 1667 von den Briten gegen das kleine Neuamsterdam am Ufer des Hudson River eingetauscht wurde. Dort liegt heute Manhattan und kaum jemand würde den materiellen Wert des Zentrums von New York mit dem einer überschaubaren indonesischen Insel (3000 mal 750 Meter) vergleichen. Die Holländer meinten damals allerdings, ein gutes Geschäft gemacht zu haben.

Der Schatz der Insel waren Muskatnüsse. Aus heutiger Perspektive, wo man das ockerfarbene Gewürz für ein paar Cent in jedem Supermarkt kaufen kann, scheint es fast unglaublich, dass um die Muskatnuss Kriege ge-

....

führt und für sie sogar Morde begangen wurden. Doch genau das war der Fall.

Die Muskatnuss *(Myristica fragrans)* wuchs damals nur auf wenigen Inseln jener Region. Die bis zu 18 Meter hohen Bäume tragen etwa zehn Zentimeter lange ockergelbe Früchte. Wenn diese reif sind, springen sie auf und legen einen braunen Kern von ungefähr zwei Zentimetern Durchmesser frei, der von der Muskatblüte, einem rötlichen Samenmantel umhüllt ist. Muskatnüsse enthalten ätherische Öle, Stärke, Harze und halluzinogene Stoffe (Myristicin, Safrol und Elemicin). Die geriebene Muskatnuss wird in Form von Pulver oder Öl als Gewürz und als Rauschmittel benutzt. Heute findet sie auch in der Industrie als Zahnpastazusatz, als Gewürz für Backwaren und Ingredienz für herbe Parfüms Anwendung.

Zur Zeit des Mittelalters und der frühen Neuzeit wurden viele asiatische Gewürze – darunter auch die Muskatnuss – wegen ihrer Seltenheit mit Gold aufgewogen. Dabei hatten Muskatnüsse noch den Vorteil, dass sie in getrocknetem Zustand lange haltbar waren und deshalb ohne Problem per Schiff verschickt werden konnten.

Zum Empfang von Königen wurden zuweilen Muskatnüsse wie Räucherkerzen abgebrannt. Zahlreiche Getränke und Speisen wurden mit ihr verfeinert. Zeitweilig wurden Muskatnuss und andere exotische Gewürze auf exklusiven Empfängen als kostbare Spezialitäten auf Tabletts herumgereicht und direkt verzehrt. Man genoss Pfeffer, Zimt und Muskat wie wir heute ein Häppchen Kaviar mit Sekt.

Wie schon zuvor in der indischen und arabischen Medizin fand die Muskatnuss ab dem 17. Jahrhundert auch in Europa als Medikament erheblichen Absatz. Als

....

„Wundermittel" sollte es gegen so ziemlich alles helfen – von Gicht über Ekzeme und Würmer bis hin zu Magengeschwüren und Tuberkulose. Als Rauschmittel setzte sich Muskat nie durch – wahrscheinlich weil seine Wirkung nicht so gut berechenbar ist.

Die Holländer jedenfalls erhandelten sich einen guten Teil ihres immensen Reichtums mit der Muskatnuss. Über lange Zeit hinweg hatten sie ein Monopol auf das Gewürz und fuhren Gewinne ein, von denen die meisten wirtschaftlichen „Heuschrecken" heute nur träumen. Begonnen hatte alles mit Jacob van Necks Expedition zu den Banda-Inseln (1599). Seine Schiffsladung Muskatnuss konnte er in Amsterdam mit 32.000 Prozent Gewinn weiterverkaufen. Später sank der Profit auf „gerade einmal" 600 Prozent. Schnell gründeten niederländische Kaufleute die „Holländisch-Ostindische Kompanie". Auf den Gewürzinseln setzten sie sich militärisch gegen Portugiesen, Spanier und Engländer durch. Das „Geschäft" war hart. Die Niederländer scheuten sich nicht, einige englische Händler zu foltern und zu köpfen, um ein Handelsmonopol durchzusetzen. Wo sich die Einheimischen nicht einverstanden erklärten, wurden sie vom Generalstatthalter Jan Pieterszoon Coen eben umgebracht. Weil man sich außerstande sah, eine größere Anzahl von Inseln militärisch zu besetzen, holzte man kurzerhand alle Muskatnussbäume auf den anderen Banda-Inseln ab. Bald hatte man ein gewinnträchtiges Monopol errichtet, das über fast 200 Jahre ein Preisdiktat in Bezug auf die Muskatnuss ermöglichte. War die Ernte trotzdem einmal zu ertragreich, wurden einfach so viele Gewürze verbrannt, bis der Preis wieder stimmte.

....

Ende des 18. Jahrhunderts war es dann mit der goldenen Zeit des Muskatmonopols vorbei. Abenteuerlustige Franzosen hatten es geschafft, Muskatnusspflanzen von den Molukken zu schmuggeln. Auf anderen tropischen Inseln legten sie ihre eigenen Plantagen an und machten den niederländischen Händlern Konkurrenz. Außerdem verdrängten die immer mächtiger werdenden Briten die Holländer und nahmen deren Inseln in Besitz. Auch die Fruchttauben leisteten ihren Beitrag zur Brechung des Muskatnussmonopols. Sie fraßen die Muskatfrüchte und verbreiteten in ihrem Kot die Samen auf zahlreichen benachbarten Inseln.

Heute lässt sich mit der Muskatnuss kein Wirtschaftsimperium mehr aufrichten, sehr wohl aber mit anderen begehrten Gütern, neuartigen elektronischen Spielereien oder exklusiven Leckerbissen. Eigentlich ist die Art der Trendprodukte ziemlich gleichgültig, man muss nur möglichst viele Menschen dazu bringen, sie unbedingt erstehen zu wollen. Ganz ähnlich wie vor 300 Jahren dürfte es auch die Gewinngier sein, von der geschäftstüchtige Personen immer wieder in den Bann gezogen werden. Mancher geht buchstäblich über Leichen, wenn der Profit nur groß genug ist. Wohlhabend werden manche dieser „Geschäftsleute" schon, glücklich meist aber nicht, wie neuste psychologische Untersuchungen unter den Superreichen dieser Welt belegen.

Materieller Gewinn kann schön sein, als Lebensziel taugt er nicht. Spätestens im Jenseits spielt er absolut keine Rolle mehr. Das, was man anderen Menschen angetan hat, um möglichst viel Gewinn zu generieren, hingegen schon. Dieser Gedanke wird nicht die Weltwirtschaft verändern, aber vielleicht die Entscheidungen des einen oder anderen Verantwortungsträgers.

49
Echter als
Facebook und YouTube

Daher, meine geliebten und ersehnten Brüder,
meine Freude und mein Siegeskranz,
steht in dieser Weise fest im Herrn, Geliebte!

Philipper 4,1

Elektronische Medien sind toll. Sie bieten eine bunte, schnelle und wahnsinnig vielfältige Welt. Innerhalb von Sekunden kann man um die Erde surfen und miterleben wie die Menschen in Indien oder China heute leben, was sie beschäftigt und was sie denken. Man kann neue Freunde treffen, die man ohne diese Medien nie kennengelernt hätte. Man kann leicht und schnell Kontakt zu Menschen halten, die längst an anderen Orten arbeiten und leben. Informationen sind vielfältig, billig und immer verfügbar. Das sollte man genießen und positiv nutzen.

Man kann sich dadurch natürlich auch stressen und versklaven lassen. Manche leiden unter dem echten oder eingebildeten Druck, immer verfügbar sein zu müssen, sich nicht mehr auf eine Sache oder eine Person konzentrieren zu können. Viele Gespräche sind keine wirklichen Begegnungen mehr, sondern nur noch ein schneller Austausch von Belanglosigkeiten in der Erwartung der nächsten elektronischen Meldung, - die ich natürlich nicht verpassen will. Und mit oberflächlichen nichtssagenden Kontakten allein wird man kaum glücklich, auch wenn es Tausende sind. Da gibt es eine natürliche Grenze. Menschen können eben nicht endlos reden und schreiben, ohne dass die Qualität des Gesagten zu leiden beginnt. Und nur zu reden, um geredet zu haben, und dann weiterzureden über das, was man vorher geredet hat, das bringt es nun auch nicht so wirklich.

Manchmal bräuchte es eben so etwas wie ein zeitweiliges Medienfasten: für eine Weile auf die tollen Möglichkeiten der elektronischen Medien verzichten oder deren Zugriff aufs eigene Leben einschränken. Man könnte sich nur für eine konkret begrenzte Zeit in die Welt der elektronischen Realität begeben, um dann wieder in der echten, realen Realität zu leben, zu genießen und zu kämpfen – auch wenn diese manchmal mühsamer und weniger interessant zu sein scheint. Zumeist sind es die Menschen aus Fleisch und Blut, auf die es letztendlich ankommt. Übrigens kann man auch in der elektronischen Welt Gott begegnen, echte Erfahrungen sammeln und anderen Menschen helfen, wenn man nur die Augen dafür offen hat.

50
Die große Glocke

Wie ist es möglich, dass ihr als Christen eure
Streitigkeiten vor ungläubigen Richtern austragt,
statt die Gemeinde um Rat zu bitten! Wisst ihr denn
nicht, dass wir als Christen einmal über die Welt
richten werden? Dann müsstet ihr doch auch diese
Kleinigkeiten unter euch selbst regeln können.

1. Korinther 6,1-2; Hfa

Wer „etwas an die große Glocke hängt", bringt
eine eher persönliche Angelegenheit in die
breite Öffentlichkeit. Eine Sache, die eher von geringer Bedeutung ist, wird in den Vordergrund gerückt

....

und Menschen nahegebracht, die damit eigentlich gar nichts zu tun haben.

Kirchenglocken haben heute eine eher nostalgische Bedeutung. Kaum jemand benötigt sie, um zu wissen wie spät es ist. In früheren Zeiten hingegen, als noch nicht überall Uhren zur Verfügung standen, waren sie als weithin hörbare Zeitansage von großer Bedeutung. Doch nicht nur um die Stunden zu läuten, wurden damals die Glocken angeschlagen, sondern auch um wichtige Mitteilungen schnell einer ganzen Stadt mitzuteilen – beispielsweise, wenn es irgendwo brannte, wenn ein feindliches Heer anrückte oder wenn jemand verstarb. Solche Nachrichten sollten sich möglichst schnell verbreiten. Und in einer Zeit ohne Internet, Handy und Radio waren die Kirchenglocken eines der üblichsten Mittel der raschen Nachrichtenübertragung. Übrigens wurden auch Gerichtsverhandlungen oder säumige Schuldner „verläutet". Dann wusste schnell die ganze Stadt, was nicht in Ordnung war. Bei weniger wichtigen Angelegenheiten ging der Gemeindediener auf den Marktplatz oder durch die Gassen; er klingelte dabei mit seiner Schelle und rief dann die entsprechende Nachricht aus. Für solch zweitrangige Informationen genügte die kleine Glocke des Ausrufers. Nur wirklich bedeutende Angelegenheiten wurden „an die große Glocke gehängt", das heißt vom Kirchturm aus bekannt gemacht.

Private oder unbedeutende Meinungsverschiedenheiten sollten nach dieser Redewendung eher im kleinen Kreis bleiben und nach Möglichkeit auch da gelöst werden. Wer eine Angelegenheit zu schnell „an die große Glocke hängt", der macht es den Streitenden schwerer, die Angelegenheit noch friedlich zu klären, ohne das Gesicht zu verlieren. Wenn erst alle Bescheid wissen und dann auch mitreden wollen, ist die Bewältigung eines Problems deutlich komplizierter.

Deshalb sollte man seine eigenen Streitigkeiten nicht zu schnell in die große Öffentlichkeit tragen, überall herumerzählen, ein großes Geschrei darüber machen oder es gar im Internet auch noch vielen weitgehend Unbekannten mitteilen. Mit etwas Geduld sollte man zuerst die entsprechenden Probleme mit allen Beteiligten oder vielleicht noch mit einem allgemein akzeptierten Schlichter zu lösen versuchen. Denn öffentlich gemachte Konflikte lassen sich oft nie mehr ganz aus der Welt schaffen. Noch nach Jahren treten sie plötzlich in ganz anderem Zusammenhang hervor.

Diese Regel gilt natürlich auch, wenn man mit den Problemen anderer Menschen konfrontiert wird. Dann sollte man die Angelegenheit nicht gleich „an die große Glocke hängen", sondern im kleinen Kreis eine klare und praktikable Lösung finden. So muss nicht jeder Fehler eines Menschen in der ganzen Familie oder Gemeinde bekannt gemacht werden. Dadurch werden Beziehungen oft unnötig erschwert und nachhaltig belastet.

Schon Jesus Christus empfiehlt dieses Vorgehen, mit folgendem Hinweis: „Wenn du deinen Bruder sündigen siehst, geh zuerst alleine hin und sprich mit ihm. Hört er auf dich, so hast du ihn gewonnen. Falls das nichts bringt, nimm noch eine andere, neutrale Person mit dazu. Und erst wenn es gar nicht mehr anderes geht, bringe die Angelegenheit vor die ganze Gemeinde" (frei nach Matthäus 18,15-18).

51
Kraftvolles Wort

Im Anfang schuf Gott den Himmel und die Erde. Und
die Erde war wüst und leer, und Finsternis war über der
Tiefe; und der Geist Gottes schwebte über dem Wasser.
Und Gott sprach: Es werde Licht! Und es wurde Licht.

1. Mose 1,1-4

Natürlich erinnert Weihnachten in erster Linie an die
Geburt von Jesus Christus im Stall von Bethlehem.
Daneben sind einzelne Tage um Weihnachten herum
engen Begleitern Jesu gewidmet.

Laut Kalender ist der 27. Dezember der Johannistag.
(Auch der 24. Juni gilt als Johannistag. Dieses Datum gilt

jedoch dem Gedenken Johannes des Täufers, während der 27. Dezember dem des Jüngers Johannes gewidmet ist.)

Johannes berichtet auf eine ganz eigene Art von der Geburt des erwarteten Messias, der Menschwerdung Gottes: „Im Anfang war das Wort, und das Wort war bei Gott, und das Wort war Gott. ... In ihm war das Leben, und das Leben war das Licht der Menschen. ... Und das Wort wurde Fleisch und wohnte unter uns, und wir haben seine Herrlichkeit angeschaut ...“ (Johannes 1,1.4.14). Das klingt geradezu philosophisch. Johannes will nicht nur an das historische Ereignis der Geburt von Jesus Christus vor mehr als 2000 Jahren erinnern. Er will dieses Ereignis in einen weltgeschichtlichen, eigentlich sogar in einen kosmischen Zusammenhang stellen. Nach Johannes ist Jesus dieses „Wort“, das allein dem Menschen echtes Leben geben kann. Johannes bezeichnet Jesus als „Wort“ (griechisch = *logos*), weil das damals der Inbegriff von Weisheit, Wissen und Information war. Ein Wort ist immateriell, es transportiert Informationen. In der Schöpfungsgeschichte wird die ganze Welt durch ein Wort Gottes geschaffen (1. Mose 1,1–2,4). Das „Wort“, von dem Johannes in seinem Evangelium spricht, ist nicht bloßes Geräusch, einfach Dahingesagtes. Es stand am Anfang des Universums, ist schöpferisch und hat alle Eigenschaften einer Person. Dieses „Wort“ ist wirkmächtig, will gehört werden, es verändert Leben. Das hier beschriebene „Wort“ teilte sich mit, wandte sich an die Menschheit. Es blieb nicht immateriell, sondern wurde Fleisch, es wurde als Kind im Stall von Bethlehem geboren.

Mit seiner speziellen Wortwahl macht Johannes darauf aufmerksam, dass der zu Weihnachten Mensch

....

gewordene Jesus Christus nicht nur eine gewöhnliche Person, ein Prophet oder Religionsgründer ist, sondern der ewige Gott. Zu Weihnachten geschieht etwas Einmaliges: Der unfassbare, unbeschreibbare, grenzenlose und unvorstellbar mächtige Gott kommt den Menschen unendlich nah, indem er sich selbst begrenzt und einen materiellen Körper annimmt. Er kommt zu den Menschen, damit Menschen zu Gott kommen können.

Obwohl die Bibel selbst nur wenig über sein Wirken berichtet, finden sich in der altchristlichen Literatur einige Hinweise auf die intensive Missionstätigkeit des Johannes. Er hat das Johannesevangelium geschrieben und darüber hinaus gilt er als Verfasser dreier kurzer Briefe und der Offenbarung. Trotz zahlreicher Verfolgungen ist Johannes der einzige Jünger, der eines natürlichen Todes gestorben ist. Sein Grab wurde in Ephesus verehrt, wo er die letzten Jahre seines Lebens verbrachte. Gestorben ist er gegen Ende des 1. Jahrhunderts, unter der Herrschaft Kaiser Trajans.

In der Ostkirche steht Johannes in besonderem Ansehen als der, der wie kein anderer auf die Gottheit Jesu aufmerksam gemacht hat. In katholischen Gegenden lässt man bis heute am Johannistag in der Kirche Wein weihen. Dieser geweihte Wein gilt als wunderwirkend. Der Überlieferung nach habe der Apostel unbeschadet einen Giftbecher aus der Hand eines übel wollenden Heiden getrunken. Johannes soll den Becher vergifteten Weines gesegnet und so vom Gift befreit haben, berichtet die Legende. Seit dem 12. Jahrhundert brachten die Menschen deshalb ganze Weinkrüge mit in die Kirche, um sie weihen zu lassen. Johanniswein soll vor Gift und

Zauber schützen, die Gesundheit von Mensch und Vieh fördern und helfen, sich auf den Tod vorzubereiten.

Bis ins 19. Jahrhundert hinein war der Johannistag Stichtag für Mägde und Knechte, entweder ihren Arbeitsvertrag um ein weiteres Jahr zu verlängern oder sich eine neue Stellung zu suchen. Häufig wurden zu diesem Anlass auch Tanzabende veranstaltet.

Ausgehend von dem Brauch der Dienstbestätigung für Knechte und Mägde entwickelte sich das „Weiberdingete". Dabei „dingt" der Mann seine Frau am Johannistag für ein weiteres Jahr, indem er sie feierlich ins Wirtshaus einlädt. Wenn die Frau den Wein bezahlt, schlägt sie in den Handel ein und verpflichtet sich für die nächsten zwölf Monate. Natürlich ging es hier lediglich um einen formalen Brauch. Wer sich nicht danach richtete, war selbstverständlich trotzdem weiter verheiratet.

Wie kein anderer der Jünger bezeugt Johannes in seinem Brief die außergewöhnliche Bedeutung und Glaubwürdigkeit von Jesus Christus: „Es war von Anfang an da; wir haben es gehört und mit eigenen Augen gesehen; wir haben es angeschaut und mit unseren Händen berührt: das Wort des Lebens. Ja, das Leben ist erschienen. Das können wir bezeugen. Wir haben es gesehen und verkündigen es euch: das ewige Leben, das beim Vater war und bei uns sichtbar geworden ist" (1. Johannes 1,1 f.; NeÜ).

....

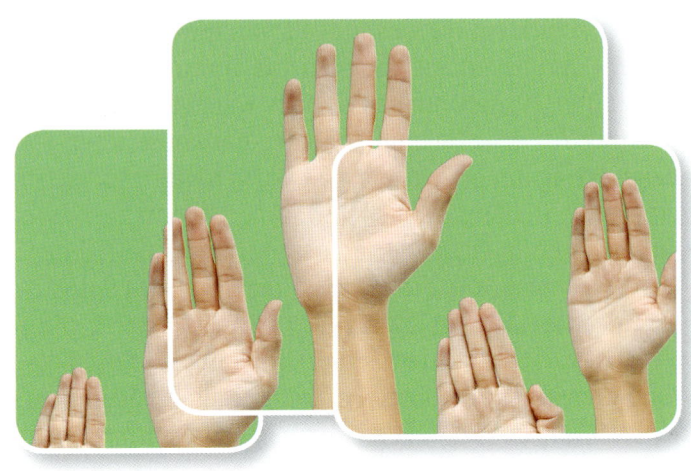

52
Wunderwerk Hand

Deine Hände haben mich gestaltet und gemacht [...]
Haut und Fleisch hast du mir angezogen, mich mit
Knochen und Sehnen durchflochten.

Hiob 10,8.11; NeÜ

Die Hand ist ein Wunderwerk der Natur – oder doch eher ein Meisterstück Gottes?

Neben dem Gesicht sind es vor allem die Hände, die wir jedem zeigen und durch die wir uns orientieren. Ebenso wie unser Gesicht sind sie ein besonderer Ausdruck unserer Individualität. Deshalb werden Menschen durch ihr Passfoto oder ihre Fingerabdrücke eindeutig identifiziert.

Die Hände sind aber noch weit mehr. Durch sie treten wir mit unserer Umwelt in Verbindung, wir stellen Kontakt zu anderen Menschen her, wir versorgen uns mit Essen und Trinken, wir arbeiten, kommunizieren und lieben. Die Bedeutung der Hände zeigt sich unter anderem in Vokabeln wie „begreifen". Wenn wir etwas verstehen, haben wir die Sache „begriffen". Häufig spiegeln die Hände auch etwas vom Leben ihres Besitzers wieder, sind gezeichnet von Mühe und Arbeit oder auch von Krankheit. Vielleicht haben wir uns an Hände gewöhnt, sodass sie kaum mehr als etwas ganz Besonderes wahrgenommen werden. Eigentlich aber sind sie hochkomplizierte Werkzeuge, über die in ähnlicher Weise kein einziges anderes Lebewesen verfügt.

Professor Peter Reill, Spezialist für Handchirurgie, schreibt: „Keine Maschine der Welt bewältigt diese Komplexität von Bewegungen, diese Koordination, diese unbewusste Rückkopplung zwischen Hand und Gegenstand." Biomechanisch betrachtet ist die Hand der komplizierteste Körperteil des Menschen. Elle und Speiche des Unterarms mitgerechnet, besteht jede Hand aus 29 einzelnen Knochen (212 sind es im ganzen Körper!). Diese sind über ein ausgefeiltes System von Bändern und Sehnen miteinander verbunden. 39 Muskeln des Unterarms und der Hand setzen dieses mechanische Meisterwerk durch absolute Koordination in Bewegung. Die einzelnen Finger haben eine außergewöhnliche Fähigkeit zur Beugung und Streckung. Die vielfältigen Funktionen der Hand sind nur durch spezialisierte Gelenke, passende Knochen, den Halt der Bänder, Sehnen und Muskeln möglich.

Die Kunst des Greifens erlernen Menschen schon sehr früh. Bereits mit zwei Monaten strecken Säuglinge ihren Arm gezielt nach einem Gegenstand aus, ohne allerdings die Hände bewusst zu gebrauchen. Mit neun Monaten öffnet und schließt das Kind die Hände, angepasst an die zu greifende Sache. Mit 13 Monaten sind viele Handlungsabläufe weitgehend automatisiert, die Bewegungen wirken nicht mehr so unkoordiniert und ruckartig. Im Laufe eines Lebens werden die Finger einer Hand noch etwa 25 Millionen Mal gebeugt und gestreckt.

Mit dem „Kraftgriff" zwischen Daumen und Handfläche ist es möglich, größere Gegenstände sicher zu halten. Dabei können mehrere Hundert Newton auf das Objekt ausgeübt werden. Ganz besonders fein und zielgerichtet ist der „Drei-Punkte-Griff" zwischen Daumen, Zeige- und Mittelfinger, mit dem man einen Gegenstand nicht nur erfassen, sondern auch besonders gut führen kann.

Eine außergewöhnliche Bedeutung kommt dem Daumen zu. Als Gegenüber der übrigen Finger ermöglicht er erst die meisten Griffe. Neun Muskeln, ein Viertel der gesamten Handbinnenmuskulatur, sind nötig, um die Feinfunktionen des Daumens zu steuern. Diese Abläufe funktionieren, ohne dass sich der Mensch dessen bewusst ist, über lange Zeit intuitiv. Deutlich wird das erst einem Patienten, der nach einer Operation die Bewegungen der Hand neu erlernen muss.

Die besondere Beweglichkeit und gleichzeitige Kraft der Finger ermöglicht es dem Menschen zu schreiben. Es ist kaum vorzustellen, wie die Kulturgeschichte ohne die Schrift verlaufen wäre.

Wenn wir unsere Hand benutzen, laufen ständig in großer Geschwindigkeit Steuerungsmechanismen zur Koordination von Beugung und Streckung ab. Das ist nötig, damit wir uns nicht selbst verletzen, überdehnen oder Gegenstände beim Anfassen beschädigen.

Dazu weist die Hand ein außergewöhnliches Design auf und arbeitet mit einer sehr geringen Masse sowie extrem energiesparend. Im Gegensatz zu einer Maschine regelt und regeneriert sie sich selbst.

Obwohl das wahrscheinlich kaum einem Menschen richtig bewusst wird, ist allein der Gebrauch eines Werkzeugs für den Körper fast ebenso kompliziert wie das Spielen eines Musikinstruments. Im Laufe des Lebens wird eine unglaubliche Zahl von Einzelgriffen trainiert, gespeichert, bei Bedarf wieder abgerufen und variiert. Sehr komplizierte und schnelle Bewegungsabläufe bei Pianisten, Geigern und Gitarristen können nur durch jahrelange intensive Übung erlernt werden. Die dazu nötige Koordination im Gehirn ist bislang nur ansatzweise erforscht.

Im Hinblick auf die hohe Druckbelastung, der die Handinnenflächen ausgesetzt werden, sind sie durch eine spezielle Haut, die Leistenhaut, geschützt. Sie hat eine Stärke von zwei bis drei Millimetern. Hier wachsen keine Haare und finden sich keine Talgdrüsen. Dafür ist die Anzahl der Schweißdrüsen gegenüber der normalen Haut um ein Vielfaches größer. Leistenstruktur und Befeuchtung machen die betreffenden Hautflächen griffiger und vermindern ihre Gleitfähigkeit. In der Hand-Innenfläche nehmen 17.000 Fühlkörperchen (140 pro cm^2) Druck-, Bewegungs- und Vibrationsreize auf. Die zahlreichen Tastkörperchen ermöglichen eine feine taktile Wahrnehmung der ergriffenen Gegenstände. Mit den empfindlichen Fingerspitzen können Blinde Dinge „sehen" oder Texte „lesen".

Seit Jahrzehnten wird intensiv daran gearbeitet, nach dem Vorbild der menschlichen Hand für Unfallopfer und Körperbehinderte leistungsfähige Prothesen zu konstruieren. Die heutigen Hightech-Körperteile haben nur noch wenig gemein mit den klobigen Prothesen des 20. Jahrhunderts. Allerdings handelt es sich oftmals noch um Unikate, die im Labor erforscht und weiter optimiert werden. Künstliche Hände sind schon heute fast so leistungsfähig wie echte. In ersten Versuchen wurden diese Prothesen an menschliche Nerven angeschlossen und darüber gesteuert. Es ist bereits möglich, die Sensorsignale künstlicher Körperteile im Gehirn wahrzunehmen und zu verarbeiten. Manche Wissenschaftler träumen davon, jedem Menschen zukünftig ein Tuning seines Körpers anzubieten und seine natürlichen Fähigkeiten dadurch zu steigern. Insbesondere gilt das natürlich für Menschen mit Körperschäden infolge von Alter oder Unfall.

Doch ganz gleich, ob technische Konstruktionen einmal die Qualität und Leistungsfähigkeit natürlicher Hände erreichen werden, als perfekte Werkzeuge und Ausdrucksmittel des Menschen sind die Hände ein deutlicher Hinweis auf den göttlichen Ingenieur, der diese Körperteile nicht nur erdacht, sondern dann auch in unnachahmlicher Perfektion umgesetzt hat.

....

Ausgewählte Quellen

Joanne Baker: 50 Schlüsselideen Physik, Heidelberg: Spektrum Akademischer Verlag 2009

Luc Bürgin: Irrtümer der Wissenschaft. Verkannte Genies, Erfinderpech und kapitale Fehlurteile, München: F.A.Herbig Verlagsbuchhandlung 1997

Stephan Cartier: Weltenbilder. Eine Kulturgeschichte des Himmels, Leipzig: Reclam Verlag 2002

Walter Hartinger: Religion und Brauch, Darmstadt: Wissenschaftliche Buchgesellschaft 1992

Hans A. Jenny: Die verrückteste Nostalgia, Basel: Buchverlag Basler Zeitung 1995

Bernd Kollmann: Die Jesus-Mythen. Sensationen und Legenden, Freiburg: Herder Verlag 2009

Clotilde Lefebvre Hrsg.: Paris, 4. Aufl., Köln: DuMont Verlag 2001

John Lloyd/John Mitchinson: Scheinbildung. Was an unserem Wissen alles falsch ist, München: Piper Verlag 2008

Herbert Pietschmann: Der Mensch, die Wissenschaft und die Sehnsucht. Naturwissenschaftliches Denken und spirituelles Erleben, Freiburg: Herder Verlag 2005

David Quammen: Die zwei Hörner des Rhinozeros, München: Claassen Verlag 2001

Ernst R. Sandvoss: Sternstunden des Prometheus. Vom Weltbild zum Weltmodell, Frankfurt: Insel Verlag 1996

Andreas Sentker/Frank Wigger (Hrsg.): Phänomen Mensch. Körper, Krankheit, Medizin, Heidelberg: Spektrum Akademischer Verlag 2008

Theo Stemmler: Wie das Eisbein ins Lexikon kam, Mannheim: Dudenverlag 2007

Federico Di Trocchio: Der große Schwindel. Betrug und Fälschung in der Wissenschaft, Reinbek bei Hamburg: Rowohlt Verlag 1999

Klaus Waller: Von Achtung bis Zivilcourage. Lexikon der Werte und Tugenden, Stuttgart: Kreuz Verlag 2002

Nicolas Witkowski: Voltaire und die kopflosen Schnecken. Geschichten aus der Wissenschaft, München: Piper Verlag 2005

Dr. Wort: Klappe zu, Affe tot. Woher unsere Redewendungen kommen, Hamburg: Rowohlt Verlag 2010

Sach- und Namensregister

. . . .

188

. . . .

Michael Kotsch

August Hermann Francke
Pädagoge und Reformer

Michael Kotsch stellt den Pietisten und Reformer Francke vor. Francke brach mit der mittelalterlichen Prügelpädagogik und reformierte das Schulsystem und die Lehrerausbildung. Seine Pädagogik ist bis heute aktuell und nicht nur für Christen bedenkenswert.

Gebunden, 258 Seiten
Best.-Nr.: 273.834
ISNB 978-3-89436-834-0

Bildquellen